シリーズ〈人間論の21世紀的課題〉

9

グローバル世界と倫理

石崎嘉彦 Yoshihiko Ishizaki
太田義器 Yoshiki Ota
三浦隆宏 Takahiro Miura
西村高宏 Takahiro Nishimura
河村厚 Koo Kawamura
山田正行 Masayuki Yamada

著

ナカニシヤ出版

まえがき

「グローバル化」という用語が「国際化」という語に代わるようにして頻繁に使われ始めたのは、二十世紀も終わりに近づいた頃からであったが、それはちょうど冷戦の終結と時期を同じくしていた。今では、この語は、世界で進行中の事柄を理解する際にも、情勢や出来事を批評する際にも、きわめて都合のよい用語として、アカデミーの世界やジャーナリズムの世界はもとより日常生活のなかでも、広範に用いられるようになっている。

その語がこれほど人口に膾炙する語となったのは、何にもまして地球上に生きる人間たちの往来や情報のやり取りが非常に簡便になり、地球が本当に球状の天体であることが実感されるようになったことに起因している。われわれのすぐそこに世界の国々や諸都市があり、まさに地球が小さな球体であるというこの実感が、「グローバル」という語がかくも頻繁に口にされるようになった最大の要因である。

ところがグローバル化とは、その実、世界の「全体化」にほかならないのである。それは、テクノロジーによって得られた人間の力の強大化と、政治的世界における権力の一極集中化であるとも考えられるからである。それにともなう知の大衆化と情報化は、その進展のための潤滑油の役割を果たしている。進行しつつあるグローバル化は、表面化することなく地中でひそかに自己増殖していく地下茎の蔓延にもたとえられ得る。そして人間の強大化と権力の一元化は、グローバル化に適しない諸要素をことごとく消尽せずにはおかない。

物理的な力にせよ、精神的な力にせよ、政治的権力にせよ、およそ力という語で呼ばれるものはすべて、一方による他方の支配か相互の緊張をはらんだ敵対関係より他には関係を作り出さない。グローバル化が、このような力の支配が世界の隅々にまで及んでいく運動に名づけられた名称であるなら、それがもたらすものは、かつて人びとを次から次へとガス室に送り込んでいった呪うべき権力の力と、瞬時にして一つの都市を焼き尽くした物理的な力と、なんら変わるところがない。そこでは人間は、人間性を喪失していくのであり、それが立ち向かう自然もまた物理的自然へと回帰していく。魂を喪失した人間と物理的な力としての自然が、そこでの主人公なのだ。そこには和解性も予定調和も存在しない。

普遍同質的国家において人間が自動機械となることは、すでに前世紀の半ばには予見されていたところであったが、これを見抜いた一世代前の論者たちの慧眼に敬服しなければならない。かれらが最も恐れたことは、力によって思考と哲学が消滅させられることであった。帝国的支配と自然・必然性支配の世界の到来は、スピノザ的「神即自然」の実現であるとも言えようが、それはスピノザが想定したのとは裏腹に、まさに思考の退行と消滅の結果であるとともに、それによる自由の崩壊を結果として招来するものでもある。それはニーチェ（Friedrich Wilhelm Nietzsche, 1844 - 1900）的「末人」の世界の到来である。

この書物でわれわれは、このようなグローバル化した世界のなかで生じている思考と自由の倒壊に抗して、それらを再興しようと試みる。それは、「倫理的パラダイム」を再興する試みとも言い換えられるであろう。われわれはそれを十二のテーマに分けて考えてみようと思う。各執筆者は、倫理的パラダイムの視座から独自のテーマを設定して、グローバル化した世界を見つめ直す作業を遂行する。そして同時にそのなかから、ポストモダンの苦境を乗り越えてゆくための方向性を提示しようと努める。第Ⅰ部（太田、石崎担当）では、今日のグローバル化の本質を見極め、科学と国民国家を基礎にした行為原理に代わる「ポストモダン的倫理」の視点の必然性が提示される。そこから、第Ⅱ部（三浦、山田担当）では、人権の問題とテクノロジー、第Ⅲ部（西村、山田担当）では、環境問題と管理社会の問題、第Ⅳ部（河村担当）では、「帝国」と性差による支配の問題、第Ⅴ部（三浦、石崎担当）では、言論と行為の両面からの暴力の問題に検討が加えられ、最後に、第Ⅵ部（西村、太田担当）では、反グローバリズムと平和の問題が論じられる。

これらの議論を通して最終的に導き出される結論は、「倫理」という視点が、われわれに「共生」概念を指示する、ということに帰着するであろう。この概念がグローバル化した時代の「力」の論理にどこまで太刀打ちできるかは、まだいくぶん疑問の余地を残しているかも知れない。とはいえ、ここでの議論から少なくとも、それが必然的に導き出されるものであることを了解いただけるであろう。

加えてこの結論は、「和解性」の論理をもってカント的二律背反を超えようとした若きヘーゲル(Georg Wilhelm Friedrich Hegel, 1770 - 1831)の試みのなかに、その先蹤《せんしょう》を認めることができると言えば、いくらかはお墨付きのようなものが与えられることになるかもしれない。

ともあれ、前置きはこれくらいにして、以上をもって、われわれに立ちはだかるグローバル化によってもたらされた難局を越えるための思考への誘いとしたい。

第9巻編集世話人

石崎嘉彦

グローバル世界と倫理 ＊ 目 次

目　次

目次

目次

コスモポリタニズム／共生モデルと現実的な平和の構想

＊

グローバル世界と倫理

第Ⅰ部

新しい倫理は可能か

第1章　グローバル世界の課題と希望

1　グローバル化された世界理解

われわれの世界

地球は無限に広がる空間でも、宇宙の中心でもなく、球体をしており、ほぼ一日に一回転する自転をしながら、太陽の周りを約一年かけて回っている。自転運動の速さと太陽からの距離などの微妙なバランスのおかげで、地球には大気の層があり、適度な気温と生命活動に必要な酸素が保たれている。地球上に人間をはじめとする生物が生存できているのは、このためである。ところが、産業革命以降の人類の繁栄は、二酸化炭素などの温室効果ガスをあまりにも大量に作り出してしまい、このためにいま、地球は温暖化していて、それは海面上昇や気候変動をもたらし、人類も含めた地球上の多くの生物種の存続を危うくしている。こうした地球的規模での未曾有の危機が伝えられているにもかかわらず、人類は協力してそれに対処するどころか、相変わらずいくつもの集団に分かれて争っており、戦争は例外であるより、世界の常態であるかのようにさえ思われる。そうしたなか一生かかっても使い切れないほどの富を一瞬で手に入れる者が現われ、世界一周どころか、宇宙旅行さえ商品化されている一方で、働けども働けども貧しく、あるいは働く意志も能力もあるのに職がなく、貧困と飢餓と病のなかで我が子が死んでいくのを無念ながらに眺めていなければならない者もいる。

グローバルな問題群

こうした説明が違和感なく受け入れられるとすれば、われわれはもう十分に地球規模《グローバル》の世界の現状について理解しているのではないだろうか。われわれはこれ以上何を知る必要があるのだろうか。このような疑問に対してこの冒頭で二つの点から応えておきたい。

第一に、上の説明は、地球を一つの空間、一つの世界として捉え、地球という単位で問題が共有されていると理解している。このような世界理解はグローバル化の産物であると同時に、その一側面でもあり、したがってとても新しい。われわれはそれをグローバル化された世界理解と呼ぶことができようが、このような新しい世界理解を持つことができるようになったからこそ、地球環境問題やグローバルな貧富の格差、あるいはテロリズムなどの地球規模の問題群の存在も意識されるようになったのである。

第二に、グローバル化された世界理解では、地球規模の問題群がわれわれの日常生活の場で直接的に意識されるが、するとわれわれは、その問題の大きさと自分の存在の小ささとのあまりの違いのゆえに無力感を感じるかもしれない。そしてその無力感は次には絶望感に変わるかもしれない。だが、無力感も絶望感もグローバル化された世界理解から自動的に帰結するわけではない。むしろ、地球規模の問題群が解決されることをわれわれは望んでいるのだから、われわれはすでに希望を抱いているのであり、その希望がどこにあるのかをこそわれわれは知りたいと願っているのである。

グローバル化

グローバル化とは、この――われわれが地球規模で一つの世界を形成しているという――グローバル化された世界理解を生み出してきた過程である。それは具体的には、人、もの、情報などの地球規模での移動の増大に現われている。グローバル化は新しい現象ではなく、先史時代に始まり、徐々に進行してきた長い過程である。ただグローバル化ということばの登場はようやく一九六〇年代になってからであったし、そのことが示しているように、この現象が注目されるようになったのがごく最近なのである。

グローバル化は、全体として一つの過程だが、いくつかの領域に分けて理解することができ、そうした方がわかりやすい。それぞれにおいて進み具合が異なるからである。進行の度合いがもっとも顕著なのは経済領域と環境問題領域である。反対にもっとも進行が遅いのは政治領域であり、文化領域におけるグローバル化も先の二領域と比較するならば、その進み方は速くはない。以下では経済領域と政治領域を特に取り上げるが、文化的領域におけるグローバル化が重要でないということではない。

たとえば、マクドナルドや任天堂は食文化と娯楽文化においてグローバルな広がりをもつ文化を確立しつつあると言える。ほかにも、インターネットの普及に代表される情報インフラの整備は人びとのコミュニケーションのグローバル化をもたらしている。均質化されたグローバル文化の成立に向かうこうした動きがある一方で、それに対抗するかたちで、祭りや民謡に象徴される民俗文化の再発見のようなローカル文化を尊重する動きをもたらしているのもグローバル化の一側面である。文化のグローバル化に対して積極的か消極的かという立場の違いは、今日、経済や政治におけるのと同様に、ときに集団間の鋭い対立をもたらす争点にさえなっている。文化におけるグローバル化も多くの争点を含む重要な論点なのである。

2　経済におけるグローバル化

グローバリズムとネオ・リベラリズム

経済におけるグローバル化は、グローバリズムというかたちで生じている。グローバリズムはグローバル化そのものとしばしば混同されてきたし、今日でもまだ混同されるときもある。だが、グローバリズムはグローバル化の経済領域における一つの現れ方にすぎない。それは人間の経済活動を地球規模の広がりをもつように変えようとする運動であり、しかもそれを市場の地球規模への拡大によって果たそうとする運動である。

ところで経済とは、人びとによって必要とされたり、欲されたりしている財やサービス（資源）が人びとの手元に届くようにすること（配分）である。そして市場とは、貨幣と商品の交換の場である。したがって資源の配分（経済）のしくみは何も市場だけに限られるわけではない。市場での売買に適さない財もある。

したがってグローバリズムは不可避的なわけではない。グローバリズムがグローバル化そのものと混同されるほどまでに顕著な動きになっているのは、それを意識的に推進しているグローバリストが存在するからである。そしてグローバリストがそうするのは、社会について市場を中心に理解する独特の立場を採用しているからである。

グローバリストが採用しているこの立場は、ネオ・リベラリズム（新自由主義）と呼ばれる。それは、財の配分は市場を通じてこそもっともよく達成される、と主張する立場である。このように主張するネオ・リベラリズムは、財の配分が市場での売買以外の要素によって決定されないように社会のしくみが変更されることを求め、小さな政府を要請し、関税や投資規制の撤廃を要求している。

見えざる手と競争

ネオ・リベラリズムは、財の配分は市場によってもっともよく調整されると主張しているが、なぜそうであるのかは、まだよく説明されていない。ネオ・リベラリズムの主張では、最適な財の配分状況（パレート効率性）をもたらすことは、むしろ市場の特徴それ自体である。市場では利己的な行為が誰の自覚的な配慮もないのに全員にとって最善の財の配分をもたらすというのである。この特徴は、しばしば「見えざる手」という啓蒙主義の思想家アダム・スミス（Adam Smith, 1723 - 1790）の言葉を用いて表現されている。

この表現は市場が中立的で、したがって不偏的であり、それゆえ市場による配分が公正なものであるとのイメージを与えるし、グローバリストはそのように信じているが、それが本当かは疑わしい。というのは、「見えざる手」が働くためには市場の参加者は自己の利益の最大化だけを追求すべきだと想定されているからである。

だが、人間は利己的であるべきなのだろうか。なぜ利他的ではいけないのだろうか。あるいは、自己利益の最大化を追求しなければならないのだろうか。なぜ適度なところで追求を止めてはいけないのだろうか。これらの疑問には、もちろんそうしなければ最善の結果が得られないからだ、と応えられるかもしれない。だが、ここで確認したいのはこうした主張の説得力ではない。そうではなく、こうした主張がけっして中立的なものではなく、一つの立場の表明だという点である。グローバリストたちは、人びとに利他的ではなく、利己的であれ、と要求しているのである。

このような主張からは、グローバリストが人間関係について、それを共通の目的に向かって協力し合う共同作業ではなく、他者を排除して自己の個別的な目標を追求する競争である、と理解していることがわかる。グローバリストの主張は、人間関係についての競争モデルに依拠しているのである。

3　政治におけるグローバル化

近代的世界理解

グローバル化の進展がもっとも遅れているのは政治的領域においてである。それは、グローバル化が意識される以前の世界理解（近代的世界理解）ともっとも強く結びついているのが政治的領域だからである。その世界理解は、世界や人間関係を理解するにあたってその中心に国家を据える見方である。

考えてみよう。われわれは、自分の生活語を方言と呼び、義務教育を通じて修得したそれとは違う国（家）語を用いてコミュニケーションすることや、ドルや元ではなく円で売買し、その際に消費税を同時に支払わされること、あるいはビザを受けずに入国した者や、またはその有効期限を過ぎて滞在している者のことを不法移民であるとか不法滞在者と呼んで犯罪者にくることを当然視している。言語や経済、税や犯罪といったわれわれの生活の重要な諸側面についてのこうした理解は、国家の存在を前提としなければ成り立たない。われわれに馴染みの近代的な世界理解の中心には、国家が位置しているのである。

国家の誕生

ではいったい国家とはどのようなものなのだろうか。国家は、近代以前に存在していた都市国家や帝国などと同様に政治社会の一形式である。言いかえるならば、国家は政治社会の近代的形式なのである。その最大の特徴は、周囲を囲む境界線によって区切られた物理的領域を社会の組織化の基盤としていることにある。国家は国境線によって区切られた内部を持ち、したがって世界も国境線によって区切られたモザイク状をなしているとわれわれは理解している。だが、たとえばアフリカ大陸の国境線が西欧諸国によるその植民地の境界線設定にほぼ由来することが示しているように、地球上は太古からモザイク状に理解されていたわけではない。

では、なぜこのような理解は生まれたのだろうか。それは、西欧における中世的な世界理解によってもたらされた破壊的な帰結に応答するため、つまり繰り返される宗教戦争を克服するためであった。中世西欧においては、単純化して言うならば、教会という宗教的主体が人びとに対する精神的な力を行使し、その権威のもとで君主という世俗的主体が物理的力を行使するというかたちで社会は組織化されていた。もっと簡単に言えば、中世西欧においては宗教と政治が前者優位のもとで二重に人間関係を組織化していたのである。ところが西欧世界全体を覆うはずのローマ教会は、宗教改革によって唯一の精神的権威ではなくなる。精神的な権威がカトリック（ローマ教会）とプロテスタントに分裂するのである。宗教戦争とはこの対立と結びついて繰り返された戦争であった。

国家と主権

ここにおいて、宗教ではなく政治を中心に人びとを組織化し、そうすることによって域内平和をつくる装置として考案されたのが国家である。それは、領土という物理的な単位で人びとをくくり、その人びとに政治権力という物理的な力への服従を求めることで、平和を確立しようとするアイデアである。

境界線の内部でふるわれるこの政治権力には、主権という名称が与えられた。そしてその主権は国家に固有の属性なのだと主張され、それは広く受容されることになる。その結果、国家は、主権が最高の権力の別名であるために、対内的には至高で、対外的には独立した集団であると理解されることになる。

このような国家や主権についての理解は、平和の確立にとって積極的な意義をもっていた。国家以外の集団は主権を持たないので、国家の命令に服さなければならないことになり、国内での対立は国家主権の判断によって最終決定され、国内では平和が保たれる（暴力が犯罪化される）と理解されるようになったからである。加えてそれはまた反面において、相互に平等な権力を持った複数の国家からなる国際関係という観念の成立と、その最重要ルールとしての内政不干渉原則の確立をも意味したからである。

近代的な政治理解のパラドックス

このような国家を中心にした世界理解の特徴はどのようなものだろうか。国家は人間関係の政治による組織化であり、したがってこのような世界理解は政治中心の世界理解である。だが、ここで理解されている政治は、けっして政治についての唯一の見方ではない。それは、政治についての特殊近代的な理解なのである。そしてその特徴は、戦争を力によって押さえ込むという発想に端的に表現されている。すなわち、政治についての近代的な理解は、人間関係についての競争モデルに基づき、政治をそうした競争が暴力的な対立になるのを力によって抑止する働きとみなしているのである。

このような政治理解では、抑止できる上位の力が存在しない場合には、力は自由に解き放たれる。それだけではない。この場合、力は正義と結びつく。主権の存在する国内では、力は犯罪として正義に反するものとされるが、それが犯罪なのは主権の判断に反するからであって、正義か否かの判断は主権という力によって保証されているからである。

こうして領域内での平和を確保する装置として考案された国家が、国際関係においては戦争を正しく遂行できる戦争の装置として理解されるというパラドックスが生まれる。

世界の暴力化

このように見てくるならば、コミュニケーションの国境を越えた増大となって現われているグローバル化とは、国家を人間関係の中心に据えて理解している近代的な世界理解に変容を迫る動きであることが理解できよう。したがって、グローバル化の政治への影響は甚大である。たとえば、多国籍企業という経済領域に属する組織が、国内ルールの作成という政治的決定にまで影響力をふるっていることは、その端的な現われである。あるいはこれまでは国際政治の主要アクターは国家であると理解されてきたが、今日では、多国籍企業に加えて、国際組織も無視できないアクターとなっている。さらに国際連合のような政府間組織（国家の代表によってできている組織）だけではなく、たとえば人権擁護団体であるアムネスティー・インターナショナルのような非政府組織（NGOs）にも国際組織として重要なものが登場していることもグローバル化の影響であると言える。

こうした国家の主権性が弱まっているなかで、国際的な犯罪組織であるテロリスト集団によるテロ活動の活発化や、部族間対立や宗派間対立と結びつけられた内戦や軍事衝突、そうした軍事紛争にともなう様々な非人道的行為が噴出している。このような世界の暴力化はグローバル化したメディアによって瞬時に日常生活の場にニュース速報として届けられ、人びとの関心を喚起し、その結果、内政不干渉原則などの国際ルールを無視した大国による軍事介入をまねき、さらに世界の暴力化が進行するという悪循環が起こっている。グローバル化はその一面において近代の枠組みを崩し、世界の暴力化を招いているのである。

4　グローバル化の希望

競争から共生へ

だが、グローバル化がグローバリズムや世界の暴力化のような暗い方向性しか示していないというのは間違っている。グローバル化のなかにも確実な希望がある。それは、われわれが他者の存在にはっきりと気づいたことである。世界は多様で、人びとのなかには大きな違いがある。そうした他者は、境界線を作って外側に追い出せば見なくて済むような存在ではない。地球という規模で考えるようになったわれわれには、もはや他者を追い出すような領域は残されていない。われわれは他者と共に生きなければならない。ここから要請されるのは、他者を排除することでも、押さえ込むことでもなく、他者と一つの世界を共有していることを認めて、その共有を続けていこうと努力することである。われわれは、人間関係を競争モデルで理解するのを止め、共生モデルで理解することを始めなければならないのである。このことをはっきりと示した点に、グローバル化の希望はあると言える。

〔参考文献〕

太田義器『グロティウスの国際政治思想――主権国家秩序の形成』（ミネルヴァ書房、二〇〇三年）
太田義器・谷澤正嗣編『悪と正義の政治理論』（ナカニシヤ出版、二〇〇七年）
J・ケイ、佐和隆光監訳『市場の真実――「見えざる手」の謎を解く』（中央経済社、二〇〇七年）
M・B・スティーガー、櫻井公人他訳『グローバリゼーション』（岩波書店、二〇〇五年）
A・リンギス、野谷啓二訳『何も共有しない者たちの共同体』（洛北出版、二〇〇六年）

第2章　自然の法と倫理の理法

1　グローバル化とはどういう現象か

国際化からグローバル化へ

世界各国のこのところの「政治」問題に目を向けるとき、一国の国内政治を考えるだけで済むような問題など、ほとんどなくなってしまったことを、実感させられる。「政治」とは、元来、「都市（polis）に関しての諸々の事柄（politics）」といった意味の語であったのに、今では「政治」は、「都市」のみならず「国（nation）」の枠を超えることなしには論じられないものとなってしまっているのである。

第二次世界大戦終結後、数十年の間、人びとはそのような現象を「国際化」という語で言い表わしてきた。しかし、前世紀の終わりごろから人びとは、それを別の言葉で呼び始めた。「グローバル化」は、そのなかで定着してきた用語である。

ところで、「国際化」を「グローバル化」と言い換えることによって、何か違ったことが言い表わされるようになるのであろうか。「グローバル化」が今日的な意味で話題になり始めたとき、東西冷戦の終結と地球環境問題の深刻化という二つの出来事が関わっていたと思われるが、この事実は、グローバル化とは何かを考える際に重要な示唆を与えてくれる。

冷戦の終結と環境問題の浮上

イデオロギー対立の解消を意味する東西対立の終結は、人間がこだわりを持つ主義や主張といったものが後景に退いたことを物語っている。代わって主役を演じるのが人間の欲望という原理である。一九九二年にリオデジャネイロで開催された地球環境サミットは、「人間」という、ときには欲望しときにはそれを断念することによって生存する不思議な存在者が主役になることを示唆していた。それはまた自然や経済といった法則性のあるものへの視点転換が要請されていることを示してもいた。しかも、その際「自然」には、これまでの科学による自然研究のそれとは違った意味が、含意されてくる。

そこから、以下のような推論が成り立つ。敵と味方の区別の消滅と、それにともなう人間の思考枠組みの変化が、「グローバル化」の基にあると。それはつまるところ、「政治的なもの」の消滅、逆に言えば、「非政治的なもの」の主役化が意味されているということである。すると、「グローバル化」とは、「自然＝物」つまり「地球環境」や「経済＝事」つまり「商品」の主役化、端的に言えば、人間の「快楽」に関わる諸モメントの主役化である。つまり人間の生が、よりいっそう「善」によってではなく「快楽」によって判定されるようになったということである。

脱政治化と脱倫理化

人間は共同することによって人間的存在となり、自然から自らを区別し、自然に対峙する存在となったのであるが、そうなったとき、そこに「政治」という問題領域が出現してきた。そこから、これまでの人類の歴史は、人間と自然との間の交流と抗争、それに加えて共同体間の交流と抗争の記録として語られてきた。しかしいま述べたことからすると、「グローバル化」とともに、われわれは人間を政治的人間として見るのではなく享楽的人間として見るようになっているのである。すると、世界がグローバル化したということは、もちろん、これまでの共同の枠、「ネイション（nation）」＝国家という人為の枠が崩れてきているということでもあるが、それとともに、「宗教」、「民族の大義」、「正義」、「イデオロギー」といった「政治」や「倫理」に関わりを持つ要素が、人間の行為的世界の考慮の対象からますます外され、副次的になりつつあるということを意味する。それは、つまり、「価値」が「非政治的」なものや「物質」的なものにとって代わられているということである。一言で言えば、脱政治化と脱倫理化の進行にほかならないのである。因みに、アルカイダもネオコンも本来の意味での信者ではないし、環境保護論者にも同じことが言える。

こう見ると、「グローバル化」とともに、「人為」から「自然」へという古典的テーマが再浮上しつつあることが分かる。自然を倫理に対質する考え方からすれば、政治的なものや倫理的なものが後景に退くことは、自然の相対的な地位の向上を意味した。ところが、今日のグローバル化のなかでは、自然それ自体もまたその地位を低下させているという逆説が認められる。これはどういうことだろうか。今日のグローバル化の問題を考えるためには、このことの意味を読み解くことが不可欠である。

「人為」を超えるもの

人間の問題を考えるのに環境や経済の問題を中心に据えるべきだという考えは、今に始まったことではない。しかし、グローバル化の一般化がそういった考えの特殊近代的な理解とともにであったということは、この問題を考えるさいの着眼点ともなる。つまり、人間の問題を考えるのに「人為」を超えたところで問題を立てるべきだということである。そして、「人為」を超えるものとは、これまで「自然」がそうであると解されてきた。

たしかに、環境問題は、われわれが自然の中の住人であり、自然と良好に関わるべきことを再認識させ、経済は人間の活動が国境を越えていることを教える。そして実際にも、二十世紀最後の出来事は、人為的障壁がなくなることによって、よい商品が瞬く間に世界に行き渡ること、自然法則と価値法則は人為的な法を超えていることを教えた。ところがわれわれがいま直面している諸問題は、そのほとんどが、この「自然」に対するわれわれの対応の仕方から出てきているのである。

グローバル化を是認する思想には、自然は人為より高いものであり、人為によって制限されるべきではないとする考えが含まれている。もろもろの商品を手にする自由、豊かさへの自由、市場と豊富の経済を求める人びとの声が世界を動かすという認識がそこにある。その際、「自由」は「自然」と言い換えうる。国境や関税障壁などの「人為」ではなく自由な市場経済こそが社会の発展と人びとの幸福実現のために不可欠なのである。ところがその自由は、もっぱら人間の「快楽」に関わる「自由」であり、その自由はまた「自然」を破壊しもする。

政治と倫理の不可視化

グローバル化は普遍同質的世界の実現を目指すが、その普遍性や同質性は、人間的善を、思想や趣味や特性といったものを捨象したところに残ってくる快楽に還元することによって達成可能となる。そのような善の見方は、「自然」の科学的な見方とか、「経済」の領域でのすべての物の商品化などによって準備されてきた。普遍化や同質化は、自然にせよ人間にせよ、それらを「物」や「事」に還元することによって可能となるのである。

しかし人間的な事柄には「物」や「事」に還元できないところが必ずある。そこで、グローバル化は、そういった還元できない部分を切り捨てることになる。政治や倫理が関わる領域は、そういった普遍化と同質化にふさわしくない領域なのである。それゆえ政治と倫理の地位低下が生じる。しかし、人間的な事柄の重要な部分はこの切り捨てられる部分にこそある。それがためにグローバル化によって、人間的なものは苛酷な運命を背負わされることになるのである。

「力」の世界へ

グローバル化によって、環境や感性的世界としての自然が復権されるが、それによって自然が回復されるわけではないし、人間的な事柄の意味が増すわけでもない。人間的なものも自然的なものも、ことごとく低められるというのが、今日のグローバル化の中で進行していることなのである。ではそこで重さを増すのは何であろうか。人間の作り出したもの、つまり「事」であり、「事」の体系である。それによって、自然はいっそう人間に支配され、文明の犠牲にされる。なお悪いことには、人間的なものも「物」化し、「事」化していく。かくして、グローバル化によって人間から自然への視点転換が行なわれるように見えながら、自然の地位は少しも回復されないし、人間もまたその地位を低めることになるのである。自然は自然ではなく、「人為」であり、「商品」でしかない。それと同時に、人間も人間性を喪失した商品でしかなくなる。要するにグローバル化とは、自然を回復不可能なまでに作り変え、同時に人間をその事的世界の動力と歯車へと仕立て上げていく運動でしかないのである。

そこでは、自然や法則に従った商品の運動が語られても、本来の自然も自然的な「法」や「権利」も語られはしない。そこでは、物理的な力や暴力としての「力」、欲望という意志の「力」が主役を演じているだけである。それは、むき出しの「力」の世界、それも純然たる力学的力と欲望する意志の力が同時に作用している世界となる。9・11のテロは、そのような世界の到来を告げるものであった。われわれは、政治と倫理の原理が消滅して「力」が本来の働きをなす世界に足を踏み入れたようである。こうして、「正義」さえ純然たる「力」に変じてしまう新たな自然状態が到来する。

野蛮化という帰結

世界は地球規模の単一体となったにもかかわらず、「すべての人びとがみな兄弟となる」世界は、単なる原子化された個体たちの平板な広がり以上のものではなくなる。「平等」は、自然状態の平等として実現されるが、人間的平等ではない。「自由」は自然的自由として実現されるが、力による束縛と変わりはない。こうして、「自然」に帰ることは「野蛮」に帰ることと同義となる。実現された平等は自然の全体主義的支配の再開である。自然状態化と底なしの優勝劣敗の世界の再来。そこでの自然の真実とは、地球環境の劣悪化であり、経済の真実は人間の商品化と自動機械化にほかならない。かくして、人間たちが善くなることも満足することもない。かれらは幸福を感ずることもない。そこには人間の卓越性や誇り、いや人間的であることの場所がないからである。そこでは、哲学ばかりか、思考さえもが排除されることになる。

2　グローバル世界と「帝国」

帝国と普遍同質的国家

ギリシアの時代の古代哲学がアリストテレス（Aristotelēs, 384 b.c. - 322 b.c.）からアレクサンドロス大王（Alexandoros, 356 b.c. - 323b.c.）に引き渡されたとき、「帝国」と世界市民の「哲学」が出現した。それとともに、哲学的思考は、帝国の市民の法的思考に取って代わられることになったが、それによって「自然」との関わりをいっそう強めた。その時代の国家や社会のあり方を考えた哲学者たちが「自然に即した生」について思考を巡らせたからである。この思考は、ポストモダンの帝国に生きるわれわれに、ヒントを与えてくれる。

近代初期の思想家たちにも「人間の自然」についての真剣な思考があった。にもかかわらず、その自然理解に従った近代人は、「自然」から遠く隔たった生を送ることを余儀なくされるに至った。かつての哲学者たちの「自然」は、近代的理解による「自然」とは異なるものだったのではあるまいか。ポスト近代を生きる人間は、古代帝国の思想家たちの「人間の自然」についての思考を辿り直してみてもよいのではないか。そこで、自然と人為という古代の争点の復位を提案したい。

いま、過去の時代の「自然」の概念に注目する必要があるのは、今日目に入ってくる光景が、かつてアレクサンドロスが出現した時代の光景と、どこか似通っていることにもよる。たしかに、ストアの哲人の思想やエピクロス派の唯物論に「超人」の哲学や機械論的世界像を対置するとき、二千数百年の時間の隔たりは消えてしまう。古代の帝国に普遍同質的国家を対置しても同じことが言えるであろう。両者に共通する「自然」の概念に注目するところから、現代の問題を考えるのに不可欠な論点が見え始めてくるように思われる。

社会哲学者の見落とし

まず注目したいのは「自然」の概念の対照性である。古代の哲学が捉えた自然と近代の哲学が捉えた自然は、ストア的自然法によって捉えられた自然と普遍同質的国家の自然との対照性のなかに再現されている。それゆえ、古典的「自然」概念を理解しないうちは、ポストモダンの「帝国」の自然もまた理解することはできない。

現代の「帝国」は「自然」の対極にある「人為」の極致である。現代の「帝国」の出現に近代性の危機を見て取った二十世紀の理論家たちは、事柄の本質を直観的に見抜いてはいたが、その後継者である社会哲学者たちは、その本質を理解し損なったようである。その理由は、社会哲学者たちが、近代の哲学が捉えた自然概念を超えられなかったことによる。かれらは無自覚のうちに「科学」のフィルターを通して社会現象を見ることに慣れてしまい、社会の「自然」を見損なってしまったのである。

ここでは社会認識の学的方法の問題には立ち入らないが、現代世界を「帝国」という語で捉えようとしている今日の社会哲学者たちに一言言及しておきたい。かれらは現代世界をすでに「近代」を超えた何ものかであると考えていることは確かである。かれらは、それによって、実体的な国家やそれに類するものの連合組織体ではなく、国家をも含むさまざまな力の網《ウェッブ》、つまりネットワークを考えているからである。ところが、かれらはそれを、「近代」の手法によって、つまり専門用語の新造と新思考によって考えようとしている。それに対してここでは、ポストモダンの諸現象の理解のために、プレモダンの諸概念の方が有用であると主張しようとする。以下では、「帝国」と「自然法」の概念が有用な何ものかを提供してくれるという前提に立って、考察を進めることにしたい。

「帝国」と自然法

われわれが倫理的パラダイムを論じるのは、近代性の本質を捉え損ねた現代の社会科学や社会哲学に対して、政治哲学の有効性を確認するためである。倫理的パラダイムとは、人間の行為と、それが行なわれる地平、そしてその行為の結果を含む人間の活動の総体を捉える知の枠組みであると言ってよい。それは主観によって把握された客観としての知ではなく、行為する主観を同時に認識主観としてそのうちに含むところに成り立つ実践知である。

人間の行為は、善・悪、正・不正の判断によって導かれるが、これは常に正・邪、善・悪の判断を基準にして成り立つ。そして、その判断の基準は、自然によって与えられると考えられる。倫理ないし道徳の価値の基準を自然に求める考えは古典古代の思想に広く見られるが、古典的自然権理論と呼ばれるこの思想は、人為よりも自然が根源的であるとする考えのうえに成り立つものである。それがもっとも典型的な形で見られたのは、ポリス崩壊後の古代帝国の時代においてであった。その際主張された「自然法」は、倫理的パラダイムの原型となるものを含んでいる。倫理的パラダイムの家郷は「自然に即した生」を推奨した古典的自然法の理論にこそあるのである。それは、倫理の理法を自然によって基礎づけることを試みた。

理想としての自然法

古典的哲学の「自然とは何か」という問いは、ソフィストやフィロソフォスたちの論争を通して哲学的テーマとなった。その論争において問われたのは、「体制（Politeia）」や「法」が人間の取り決め（人為）に基づくのか自然に基づくのか、という点であった。意見は分かれたが、いずれの陣営も、自然が人為よりも崇高であるとする点では一致していた。そこから、法は自然に基礎を持ち、権力者の布告による法は自然の法には及ばないとする考えが出てきた。

自然法の思想は、古くからの因習や陋習《ろうしゅう》を自然的なものに置き換える革命思想と結びつき、ポリスとその法を宇宙の理法を基準にして改変する理論となったが、それと同時に、自然とは何かをめぐる新たな論争を引き起こすことになる。そしてそこから導かれる結論が人間の生き方を決する哲学そのものとなった。プラトン（Platōn, *c*.428 b.c. - *c*.348 b.c.）の『国家（*Politeia*）』や『法律（*Nomoi*）』は、人間がどう生きるべきかを指示する人間の共同の在り方や法の基本的枠組みの古典的理論として、時と所を超えて普遍的に妥当する理論を提示するものであったのである。それは、それが古いという意味においてではなく、それが典型的であるという意味において古典的であり、歴史を超えて妥当するという意味で、まさに人間的自然に即した生のあり方を提示するものであった。

哲学的であるとは元来自然的ということを意味する。その意味で、哲学は、すでにポリスを超えたものであったが、現実の歴史のなかでポリスが解体され、世界国家が登場してきたとき、哲学の考えはまさに時代を先取りしたものとして再提示されることになる。それが一般に理解されているコスモポリスの思想としての「自然法」の思想である。それは哲学的な法理論であったことによってポリス解体後の世界国家の理論となりうることができたし、ポリス的伝統と断絶した帝国の国家思想とローマ法に具体化されることになった。

自然法思想の展開

ここでは、ポストモダンの時代に再考されるに値する思想として、ローマ皇帝にしてストアの哲学者でもあったマルクス・アウレリウス（Marcus Aurelius Antoninus, 121 - 180）の「普遍的ポリス」の思想を見ておこう。曰く、「もし、理性的部分がわれわれのあいだに普遍的なものであるなら、われわれが理性的な存在である根源のロゴスも、普遍的なものである。このことが事実なら、あることをなすべきか否かを指示するロゴスもまた、普遍的である。もしそうであるなら、法もまた、普遍的なものである。すればわれわれは市民というわけである。市民ならある公共体に参与する。その場合には、宇宙こそはまさにポリスという組織体の類である」（『自省録』437）。

ローマの文人キケロ（Marucus Tullius Cicero, 106 b.c. - 43 b.c.）もまた、自然法の思想に共鳴している。「私は法の根源を自然にもとめたい。われわれの議論はすべて自然を手引きとして展開されるべきものなのだ」（『法律について』137）。それは、「命令と禁止という形における正しい理性であり、どこかに書きとめられていようといまいと、これを知らないものは正しい人間とはいえない」（同、148）。

ギリシアの古典哲学は、ポリスにおいて育まれたものでありながら、普遍的原理を追求するものであったがゆえに、世界国家ないしは宇宙的国家の原理ともなりえた。そのような哲学的思想としての自然法の思想は、さらに世界宗教にまで広がりを持つに至ったキリスト教思想とも結びつくことになる。「人間によって制定された法はすべて、それが自然法から導出されているかぎりにおいて法の本質に与るといえる」（『神学大全』Q95art2）とした中世スコラの哲学者トマス・アクィナス（Thomas Aquinas, c.1225 - 1274）も、世俗を超えたキリスト教の神的共同も自然法の伝統に連なると述べることによって、自然法思想に与したのである。

「近代的」自然法理論

近代世界の到来とともに、自然法が再び重要な役割を演じることになった。その際に決定的役割を演じたホッブズ（Thomas Hobbes, 1588 - 1679）の自然権理論は、そこから近代国家の理論とそれによって基礎を与えられることになる人間の諸権利が演繹される理論であったが、それが自然法を蘇らせるものであった限り、伝統的自然法理論の独特の解釈であった。しかし、このホッブズ的近代的自然法理論は、自然法のまったく新しい解釈によって成り立っていた。ポストモダンの帝国はそこから始まる一連の近代性の運動の結果としてある。

近代の自然権が自然法から導き出されたものであった限り、それは伝統的自然法と結ばれていた。しかし、近代自然権理論が以後の歴史のなかで絶大な影響力を持つようになったのは、自然法理論に基づいてよりも、その自然状態説によってであった。近代自然権理論の基には、新しい道徳の大陸の発見者、マキアヴェッリ（Niccolò Machiavelli, 1469 - 1527）の理論が存していたからである。

グローバル世界が「帝国」と呼ばれるにせよ「普遍同質的国家」と呼ばれるにせよ、それは、かつてホッブズが「自動機械（Automata）」のイメージで描き出した人工的動物「リヴァイアサン」の新しいバージョンであることは間違いない。この世界国家は、開けっ広げでむき出しの力が作用する世界として立ち現われてこざるを得ない。しかし、この力の帝国はそのなかから影の部分を生み出す機械装置でもある。そして、理性の力の及ばないこの影の部分によって、万人の戦争状態が再現されることになる。

自然法から倫理の理法へ

この新たな世界規模での万人の戦争状態は、倫理の理法を探り出すことを命じている。求められる理法の痕跡は古代帝国の思想のなかにかろうじて見出すことができた。しかし、すでにストアの自然法も倫理の理法の残像でしかなかった。古代の帝国が哲学的倫理に代わる新たな原理として宗教の力を借りなければならなかったのはこのためであった。

しかし、われわれは、そうだからといって嘆く必要はない。その原本である古典哲学によって築き上げられた理法も、それが哲学的であったがゆえに、それ以上に普遍性を持った自然法の理論であったからである。それはポリスの理論であったにもかかわらず、いやそうであったがゆえにそれ以上に普遍的で永遠的な理法を提示するものであった。

古典的合理性を近代的合理性によって完全に超えられたものと見る限り、それに期待を寄せることはできない。しかし、今日、近代性の崩壊を眼の当たりにし、それを超えた地平でグローバル世界の行為原理が求められているのだとすれば、改めて古典的合理性にその出番がめぐってきたと言わなければならない。

〔参考文献〕

キケロ、中村善也訳『法律について』鹿野治助責任編集『キケロ　エピクテトス　マルクス・アウレリウス』〈世界の名著13〉（中央公論社、一九六八年）
L・シュトラウス、石崎嘉彦監訳『古典的政治的合理主義の再生――レオ・シュトラウス思想入門』（ナカニシヤ出版、一九九六年）
L・シュトラウス、石崎嘉彦・飯島昇藏ほか訳『リベラリズム　古代と近代』（ナカニシヤ出版、二〇〇六年）
プラトン、加来彰俊訳『ゴルギアス』〈岩波文庫〉（岩波書店、一九六七年）

T・ホッブズ、水田洋訳『リヴァイアサン』（1–4）〈岩波文庫〉（岩波書店、一九五四–一九八五年）
マルクス・アウレリウス、鈴木照雄訳『自省録』鹿野治助責任編集『キケロ　エピクテトス　マルクス・アウレリウス』〈世界の名著13〉（中央公論社、一九六八年）
「特集『帝国』を読む」（『現代思想』二〇〇三年二月号、青土社）

第Ⅱ部

国家と人権概念が拡散するとき

第3章　人権とヒューマニズムの未来

1　「人間」という言葉の二側面

人権を問い直す

人権とは、文字どおり「人間」の「権利」のことだから、それは、人間であれば誰もが持っていて当然のものであるように思われる。しかし、現にわれわれの誰もがこの権利を持っているのであれば、わざわざこの言葉を問う必要もないのではないか。つまり、なぜかこの権利を喪失してしまっている人びとがじっさいにいるからこそ、この言葉は問いの対象となるわけである。それはいったいどのような「人びと」なのだろう。なぜ、この人たちは「生まれながらに持っている」と定義されるこの権利を持ちえていないのだろうか。「人間」と「権利」、これら表面上は特に問題があるとも思われない基本的な言葉を、あらためて問い直すことが、これらの疑問を解くうえでの鍵となることだろう。

「人権宣言」における「人」

〈人であって人でない〉を意味する、「人非人《にんぴにん》」「人でなし」という言葉が日本語にもあるように、生物学的にはいくら人間であろうとも、だからといってそのまま誰もが「人」として見なされるわけではない。というのも、「人間」という言葉には、生物学的な意味での「ヒト」（ホモ・サピエンス）としての側面以外にも、「人間性」「人間らしさ」を意味する別の（ヒューマニティという）側面もあるのであり、この後者の範囲をどう定めるかによって（それは誰が定めるのだろう?）、同じ人間が、「人」として現われることもあれば、そうではない「人非人」として現われる場合もあるからである。

具体例を挙げてみよう。たとえば「人権」という言葉がこの世に初めて登場したのは、一七八九年のフランス革命のさいに出された「人権宣言」においてであるとされているが、これは正確には「人および市民の権利宣言」といい、しかもここで「人」を意味するフランス語の homme は「男」のことであるから、より正確には、これは「男および市民の権利宣言」とでも呼ぶべきものであったことだろう。つまり、この宣言において「人権」を宣言するところの主体である「人」とは、「男」および「市民」のことしか意味していなかったのである。しかも、ここでの「市民」とは、財産と家族を持つ「家長男性」のことにほかならないから、「男」ではあっても、「労働者」や「農民」といった人びとは、「人権」の主体たる「人」としては、見なされていなかったことになる。つまり「人権宣言」とは、その当初においては、ごく少数の特権階級に属する人びと以外の人間を、「人非人」として排除するものでもあったわけである。

「人権」拡張の歴史

以後の「人権」概念の歴史的な歩みは、この「人間性」としてのヒューマニティの範囲を、階級、性別、人種にわたって、徐々に拡張してゆく過程であったと言ってもよいだろう。このときわれわれは、この歩みが「多かれ少なかれ流血——革命や戦争の——を伴う「激烈な分配闘争だった」」（樋口、四九頁）点を忘れるべきではない。というのも、「人権」を有している側の人間、すなわち「資本家」や「男性」、「白人」といった人びとからするならば、この権利を有していない「下層労働者」や「女性」、「黒人」といった人びとに「人権」が付与されるということは、それだけ自分たちの「特権」が弱まるということにほかならず、それゆえかれらは「人権」のその主体の範囲の拡張にひどく抵抗もしてきたからである。つまり、これまで「人非人」と見なされてきた人びとが、新たに「人」と見なされるためには、既存の「人」側との激しい闘いが必要だったわけである。

「ただの人間」

「人権」という言葉における「人」が、このように「人間性」を意味するものであるならば、この側面を喪失した「ただの人間」――すなわち生物学的な意味でのヒト――に対しては、どのようなひどいことが行なわれようと「人権侵害」とは見なされないということにもなるだろう。たとえば、第二次大戦時のドイツの強制収容所で「処理された」ユダヤ人たちの置かれていた状況を、Ｊ＝Ｆ・リオタール (Jean-François Lyotard, 1924 - 1998) はこう記述している。

彼らは話しかけられず、ただ（物体として）処理されたのです。彼らは敵でさえありませんでした。彼らを犬畜生、豚共、虫けらと呼んでいたＳＳ〔ナチの親衛隊〕やカポ〔収容所内の囚人班長〕は、彼らを動物として扱うことさえせず、廃棄物として扱ったのです。廃棄物の運命はゴミ処理場で消却されることです。（リオタール「他者の権利」ロールズ他『人権について』所収、一七八頁）

ここで述べられている事柄を、われわれははたして過去の出来事と見なして済ますことができるのだろうか。一九四八年に国連総会で採択された「世界人権宣言」から六十年近くが経ち、（いまだ生まれていない）「未来世代」や「動物」といった存在者にまでその範囲が拡張されつつある現在の観点からするならば、勢い「ただの人間の状態に置かれている人びとはもはや存在していない」ということになるのかもしれない。だが、そうだろうか。現在、さらには今後、ますます増加することが予測される「ただの人間」たちがいるのではないか。それはたとえば「亡命者」「難民」と呼ばれる人たちである。ではなぜ、この人たちは「人権」を喪失してしまうのだろう。この疑問に答えるためにも、われわれは次に「権利」という言葉の意味を問いなおす必要がある。

2　「権利がある」とはどういうことか

権利の前提条件

「権利がある」（あるいは「権利を持つ」）とはどういうことか、まず単純に考えてみよう。たとえばある大学において、学内の施設を自由に利用する権利がある、交流協定を結んでいる海外の大学へ留学する権利があるという場合、そこにおいて前提となっているのは、その大学に「籍がある」ということだろう。そしてそこに「籍がある」ためにも、われわれには授業料などを支払う「義務がある」ということになる。同様のことは、国家から市町村、会社、スポーツジムといったあらゆる場所においてもあてはまることだろう。税金や会員費（会社の場合だと労働力や時間）を支払う代わりに、われわれはそれ相応の「権利を有する」ことになるわけであるが、そのような〈権利‐義務〉関係が発生するためにも、まずはそのある〈場所〉に所属していること、すなわち「籍を置いている」ことが前提となっていなければならない、そう思われる。

国家と人権の結びつき

人によってその所属先の数はさまざまでありうるが（当然、所属先が多ければ多いほど、その人が有する諸権利の数は多くなるだろう）、「人」として生きてゆくうえで最低限われわれが必要とするものは、任意の「国家」に所属していること、すなわち「国籍を持つ」ということではないだろうか。もちろん、「人間」という言葉が生物学的な意味でのヒトに尽きていなかったのと同様に、ここでの「国家」も、地政学的な意味での領土に尽きるものではない。というのも、同じ領土が時代によって「イスラエル」として宣言されることもあれば、「ヨルダン」と主張される場合もあるからである。このように国家とは、擬制的（フィクショナル）なものにほかならないわけだが、その国家の「国民」として登録されることで初めて、われわれは単なるヒトではなく、「人」として生きていくことが法的に保障される、すなわち「人権を有する主体」として認定されるわけである。

したがって、たとえば「生命、自由及び幸福追求に対する国民の権利」（第十三条）や「健康で文化的な最低限度の生活を営む権利」（第二十五条）、「教育を受ける権利」（第二十六条）……といった日本国憲法において記されている諸権利を、われわれが有することが法的に保障されるためには、当然日本の国籍を持っていなければならないということになるだろう。もっとも、国家が擬制的なものである以上、国籍もある人の出生地と必然的に結びついている必要はない。当該国家の定める条件をクリアすれば、国籍を変更することは可能であるし、国籍を置いているのとは別の国家に居住することもできるだろう。しかし、海外へ渡航するさいには必ずある国家の「国民」であることを証明するパスポートの提示が求められるのと同様に、別の国家に居住する場合には、滞在許可証（ビザ）の取得が必要とされるなど、新たな〈権利－義務〉の関係がその国家との間で発生することになるはずである。

増え続ける「ステイトレス」な人びと

つまり、前節の最後に挙げた「亡命者」や「難民」といった人びとは、この「国籍を持つ」ということが欠けているわけだ。「家がない」を意味する「ホームレス homeless」の人びとですら国籍は失なっていないのが通常であるのに対して、これらの人びとはその国籍すら失なっているという意味で、「ステイトレス stateless」な人びとであると言ってもよいだろう。ではなぜ、この人たちは国籍を喪失してしまったのだろうか。

四方を海に囲まれた日本に住んでいるわれわれ（日本人）には、なかなか実感しにくいことだけれども、一九六五年から二〇〇〇年までの三十五年間で「七五〇〇万人の人々が出身国以外の国に移り住もうと越境移動を開始した」（ベンハビブ、五頁）と言われている。しかし、この間、国家側はその動向に反して、自らの国境の管理を強化することで、入国・滞在許可者の質と量とを監視しようと努めてきたのであった。たとえば「人権宣言」発祥の地であるフランスでは、一九九三年に認可された「パスクワ法」（パスクワとは当時の内務大臣の名前を指す）によって外国人の入国・滞在の規制が強化され、そのため「サンパピエ」（フランス語で「紙がない」、すなわち滞在・労働許可証を持っていないという意味）と呼ばれる「不法移民」が大量に生まれることになった。現在、「世界にはおよそ二〇〇〇万人の難民、亡命者、「国内避難民」が存在している」（同上）とも言われているが、これらの（「ただの人間」としての）人びとが生まれてしまったのは、ひとえに「グローバル化に対応した新しい政治の形式」が「まだ見えてこない」ためであると言ってもよいだろう（同書、六頁）。国家側から見るならば、無国籍者はヒトではあっても、（人権が保障される主体としての）「人」ではないわけだから、無国籍者の排除は人道的には非難される可能性があるにせよ、別に人権侵害にまであたるわけではないということにもなる。それでは、グローバル化の進展によって、世界のさまざまな国家（とりわけ先進国）へとますます移り住むようになってきている「移民」「居留民」などの（国家側から見た場合の）〈他者〉の人びとが持つ〈権利〉――それは先に見た権利とは別のかたちをとるはずだ――というものがもしありうるとしたら、それはいったいどのようなものなのだろうか。

3　「歓待の権利」と「歓待の倫理」

なぜ国家は入国・滞在の規制を行なうのか

この問いを考えるにあたって、本節で参照したいのがジャック・デリダ（Jacques Derrida, 1930-2004）の歓待論である。子どもの頃に、アルジェリア生まれのユダヤ人にフランス国籍を認めた法律を、当時の政権が廃止したことにより、一時的に国籍を奪われた経験があるかれは、「移民」排除の傾向を強める自国フランスに対して異を唱えながら、「亡命者」「難民」といった〈異邦人〉を歓待する（受け入れる）とはどういうことなのかについて、以下のように思考した。

そもそもなぜ国家は、「移民」や「亡命者」といった人びとに対して、入国・滞在の規制を行なうのだろうか。仮にある国がこういった人びとを「無条件」に受け入れようとした場合、大量に押し寄せるであろう（安価な）外国人の労働市場への参入は、自国民の雇用状況の悪化を招き、国民の不満を高めることにもなるだろう。また、職に就けなかった外国人の群れは、国内の治安の悪化という社会問題を引き起こすことにつながるかもしれない。したがって、国家側からすれば、国内の人びとの生活を健全に守るためにも、〈異邦人〉の受け入れには「条件」を付けざるをえなくなるはずである。つまり、「条件」を満たす者は受け入れるが、それ以外の者は排除するという「限定」を行なう必要があるわけだ。デリダは言う。「こうして権利と義務が、国境とパスポートと門戸が生まれるのです」（デリダ「歓待の原則」『パピエ・マシン』（下）所収、一五五頁）。

二種類の歓待

デリダはこのような国家側による〈異邦人〉の受け入れ姿勢を、「条件付きの歓待」「権利あるいは義務としての歓待」と名づけたうえで、その論理を以下のように記している。すなわち、「歓待への権利は、歓待そのものや歓待による異邦人との関係を可能にするもの」ではあるけれども、「同時にそれを限界付け、禁止するものでもある」。なぜなら、「匿名の到来者（arrivant）、名も姓も持たず、家族もなく、社会的地位もないがゆえに、異邦人としても取り扱われず、野蛮な他者とみなされるような者にたいしては、歓待は提供されない」ことにもなりかねないからだ。そして、そのうえでかれはこう問いを投げかける。——「歓待とは、到来者を問いただすことなのでしょうか。歓待は来る者に問いを差し向けることから始まるのでしょうか。（中略）それとも歓待とは、問いなき迎え入れから始まるものなのでしょうか」（デリダ『歓待について』六三‐六五頁）。

ここでの「問いなき迎え入れ」とはすなわち、「無条件の歓待」のことにほかならない。デリダによれば、この歓待の特徴はこうである。「純粋な歓待とは、到来する者に何か条件をつける前に、名前にせよ、身分を示す「証明書」にせよ、何かを要求したり、何かを知ろうとしたりする前に、まず到来する者をうけ入れることにあります」（「歓待の原則」一五七頁）。

とはいえ、ここで注意しておかなければならないのは、デリダがこの二つの「歓待」を区別しつつも、単純に後者の歓待でもって、前者の歓待を非難しようとしているわけではないということである。というのも、「絶対的ないし無条件の歓待は、通常の意味での歓待、条件付きの歓待、歓待の権利や契約などと手を切ることを前提として」はいるけれども、両者は「二律背反的なものであり、そして不可分なもの」でもあるからである。つまり、「それらは、歓待的であると同時に非歓待的でもあり、非歓待的なものとして歓待的なもの」という関係にあるからである（『歓待について』六二、一〇〇頁）。

「人間性」の二側面

デリダの歓待論が、このように見方によれば、どっちつかずで、非決定的な論述とならざるをえないのはほかでもない、「人権」という主題が本来置かれている状況がまさにそのようなものでしかありえないからである。たとえば現在においてであれば、相次ぐテロの勃発などによって、当然、国家は無条件に見ず知らずの外国人を受け入れることは治安の観点から言ってできそうにもない。しかし、だからといって、内戦などによって住む場所を失った人びとの受け入れを断固として拒否することもまた、人道的に許されることではないのではないか。

つまり「人権」とは、このように「アポリア」（解決困難な難問）のうえでしか思考しえないものなのである。しかし、だからこそ、この主題はすぐれてわれわれの「人間性」（ヒューマニティ）が試されるものであるとも言えるのではないだろうか。というのもデリダがあるインタビューで述べているように、「すべての政治的なプロジェクトが人々を安心させるものだったり、多幸症的で、逆接もなく、アポリアもなく、矛盾もなく、乗り越えるべき決定不可能性もなく、すでに確証された知の論理的または理論的な帰結だったりすれば」、そこには「責任も決定もなく、根本のところで倫理もなく、権利も政治もなく機能する機械《マシン》のようなものにすぎない」からである（デリダ「ユートピアではなく、不-可能なもの」『パピエ・マシン』（下）所収、三一〇頁）。機械的になされただけの判定には、当然「人間性」（ヒューマニティ）は見受けられない。つまり、一回ごとの状況を目の前にして、どうしたらよいか迷いとまどうからこそ、われわれは人間的なのであり、「アポリアや決定不可能性の試練なしでは、決定も責任もありえない」のである（同上）。

かくして、「人権」という言葉における「人」とは、一方でそれを持つ（受け取る）側の「人間性」を意味するものでありつつも、他方ではそれを付与する側の、すなわちわれわれ人間側の「人間性」（ヒューマニティ）を意味するものでもあると言えるのではないだろうか。

〔参考文献〕

M・イグナティエフ／A・ガットマン編、添谷育志・金田耕一訳『人権の政治学』（風行社、二〇〇六年）
市野川容孝・小森陽一『難民』〈思想のフロンティア〉（岩波書店、二〇〇七年）
上野千鶴子『生き延びるための思想――ジェンダー平等の罠』（岩波書店、二〇〇六年）
碓井敏正『グローバリゼーションの権利論――民主主義とナショナリズムと人権』（明石書店、二〇〇七年）
J・デリダ、廣瀬浩司訳『歓待について――パリのゼミナールの記録』（産業図書、一九九九年）
J・デリダ、中山元訳『パピエ・マシン』（下）〈ちくま学芸文庫〉（筑摩書房、二〇〇五年）
樋口陽一『人権』〈一語の辞典〉（三省堂、一九九六年）
S・ベンハビブ、向山恭一訳『他者の権利――外国人・居留民・市民』（法政大学出版局、二〇〇六年）
J・ロールズ他、中島吉弘・松田まゆみ訳『人権について』（みすず書房、一九九八年）
鷲田清一『時代のきしみ――〈わたし〉と国家のあいだ』（阪急コミュニケーションズ、二〇〇二年）

第4章　テクノロジーと国家のゆくえ

1　はじめに

「近代」は合理的だろうか

われわれの日々の生活は、テレビや（携帯）電話、コンピュータや自動車といったアイテム抜きには考えることができない。こうしたテクノロジーの産物こそが「近代的」で「合理的」なものの代表であることに異を唱える人はいないだろう。けれどもその一方で、戦争やテロリズムなど、「非合理的」なものも現代社会から決して姿を消してはいない。いや、われわれはそうした「非合理的」なものに脅かされているという不安に常につきまとわれているのが現実だろう。だとすれば、「合理的なもの」と「非合理的なもの」は、お互い相容れない、正反対のものであると言えるのだろうか。

たとえば、近代科学の粋でありテクノロジーの最高の産物の一つである核兵器を地球上の全人類を殺戮できるだけ保持しているのは、「独裁」や「テロリスト」とは無縁の「自由」と「民主主義」の国、世界で最も科学の発展した国であるアメリカ合衆国であるのは、考えてみればやはり奇妙なことではないだろうか。「合理的」なものの範囲が広がることはわれわれが幸福で平和に暮らせることに結びつく、とはたして言いきれるのだろうか。

このようなねじれた事態に、独特の切り口から迫った人がいる。二十世紀を代表する哲学者の一人、ハイデガー（Martin Heidegger, 1889 - 1976）である。ハイデガーが目をつけたのは、近代科学に裏打ちされた「技術」が哲学的に見るとやっかいな問題をかかえこんでいるという点だった。まずここではハイデガーの考えた跡をざっとたどってみよう。

2　ハイデガーと「技術」の概念

「技術（的知）《テクネー》」の誕生と変貌

ハイデガーは「技術」の問題を、古代ギリシアにはじまる西洋哲学の歴史全体のなかに位置づけながら考えている。しばらくハイデガーの言うところを聞いてみよう。

「テクノロジー（科学技術）」や「テクニック（技巧）」といった言葉の起源を求めて遡っていくと、

古代ギリシア語の「テクネー」にたどり着く。ギリシア人の言う「テクネー」とは、おもに人間がなにかを「作る・制作する」場面に関連して使われる言葉だが、ただ単に道具や機械といった物やその使用を意味するのではない。それは人間の世界への関わり方、態度の一種を指していた。他の動物とは違って人間のすることである以上、「テクネー」も人間ならではの「知」がともなうものであって、もし「テクネー」を翻訳するなら「技術」でもかまわないが、「技術的知」というほうが正確かもしれない。技術《テクネー》のある、言い換えれば腕のよい職人は、材木のなかに隠れている椅子や寝台を巧みに顕《あら》わにすることができる。とすれば、技術は真理《ほんもの》を顕わにする知の一種であるということはたしかにできる。とはいえ、現代とは違って人間が「ピュシス（自然）」に包み込まれて暮らしていた古代では、人間の世界へのかかわり方のなかで「技術《テクネー》」が占める範囲はまだ小さかった。

しかし、時代が下るにしたがって、人間の世界への関わり方のなかで「技術」の位置は大きく変わっていく。しかも、その変化は実はすでに古代ギリシアでひそかに始まっていた。ギリシア人の言う「ピュシス（自然）」とは、植物や動物などのように、人間の手を借りずとも自ら現われ出て自ら運動しながら世界に一定の場を占めるもののことだ。「世界」とは、「存在」とはいかなるものであるのかを理解しようとする哲学という営みは、ギリシアでこの意味での「自然」を世界や存在のモデルと考えることから始まった。だが、それとは異なる考え方が出現してきたのである。それが、「存在」を「作られたもの」をモデルにして理解するプラトンやアリストテレスの哲学であり、それ以後哲学といえばこうした考え方が主流になっていく。さらにローマ時代以後、世界は神が「創造」したものと考えるキリスト教が広まったことも手伝って、「自然」はしだいに生命のない、「作る・制作」行為のための素材と見なされるようになっていく。

「立てる」力

そして、存在しているありとあらゆるもの、すなわち世界が全面的に制作可能なもの、「作られうる」ものをモデルとして理解されるようになったのが「近代」という時代である。存在しているものが制作可能なものと見なされるとはどういうことだろうか。それは、あたかもコンピュータのディスプレーの画面を見るように、存在しているものを人間が自分の「前に立てる（vor-stellen《フォアシュテルン》）」ことで、人間の意のままに操作できるようになったということである。目の前にあるものや自分自身の身体にはじまり自然法則や数学の公理公準にいたるまで、ありとあらゆるものが本当に存在するのか疑う余地があるけれども、どうしてもその存在を疑うことのできないもの、それが疑っている当の「私」である。近代哲学はこのデカルト（René Descartes, 1596-1650）の主張からスタートした。とすればこの「考える私」、言い換えれば純粋な精神である「主体・主観」は、自分の身体からも切り離され、いわば世界の外に飛び出していることになる。このことをハイデガーは、世界は「主観」に対する「像」、「表象（Vorstellung《フォアシュテルング》、文字通りに訳せば「前に立っていること」）」になったのだという。存在しているものはすべて主観の前に立てられたものであり、主観の前に立てられたものだけが存在するというのだ。

近代とはこのように人間が「主体」となり、世界が「像・表象」となる時代にほかならないが、そこには主体の「前に立てる」はたらき以外にも、「用立てる」とか「取り立てる」といったさまざまな――ドイツ語の表現でいうならば――「立てる（stellen《シュテルン》）」力がうごめいているとハイデガーは言う。このことが、近代における「技術（的知）」を特徴づける目印になる。

近代技術をすみずみまで支配している〈顕《あら》わにするはたらき〉とは、自然に向かって強要して、搬出して貯蔵できるような〈エネルギーを提供せよ〉と強要する取り立てである。（M・ハイデッガー『技術論』理想社、三二頁）

古代の「技術」と同じく近代の「技術」も「隠れているものを顕わにする」知の一種である。けれども、近代の「技術」は、世界に対して力ずくで迫り、すべてを人間のために用立てるような知へと変貌している。鉄鉱石や石油の採掘、あるいは原子力発電所などを思い浮かべてみよう。「自然」は、ここではもっぱら人間にとって役に立つ「資源」、「資材」となる。人間にとって世界はただの巨大な「在庫・調達品」でしかない。自然だけではない。政治や社会、文化の世界でも、自然と同じように、意見や世論、学説や作品までもがたえず「取り立て」、「用立て」られ「駆り立て」られていく。

しかし、見逃してはならないことがある。「技術」の力によって世界を支配している主体自身も、実は世界に対して暴力的に「取り立て」を行なうように「駆り立て」られているのだ。何のために用立て、取り立てるのか、目先の理由の向こう側にどのような目的があるのか分からないまま、とにかくひたすら世界に対して強要し世界を利用するように駆り立てられる。主体とは、「主体的」であるように駆り立てられている者のことだ。ここでは人間も、自然と同じように、役に立つか立たないかで選別される「人的資源」、「人材」以外のなにものでもない。

「ゲ・シュテル」――すべてを駆り立てていく体制

近代という時代を突き動かしているこのような「技術」の特徴を、ハイデガーは「ゲ・シュテル（Ge-stell）」という言葉でまとめている。この言葉はふつう「ゲシュテル（Gestell）」と書いて、「骨組み」「フレーム」「骸骨」などを意味するのだが、ハイデガーはそのいささか不気味なニュアンスを借用しながら、「ゲ・シュテル」とわざと分かち書きにして、この言葉がもともと「立てる（stellen《シュテルン》）」という動詞と関係があることを読者に思い出させる。ドイツ語で「ゲ（Ge）」は「集まり」を意味する接頭辞なので、「ゲ・シュテル」というと「立てること、立てられることの集まり」という意味が浮かび上がってくる仕掛けだ。近代の技術は、人間がわけもわからず世界からさまざまなものを取り立て、用立てるように駆り立てられるという、目に見えない竜巻のような「立てる」力だというわけである。まるで取り憑かれているかのように人間と世界のいっさいが「駆り立て」られているこうした事態が、人類にとっても世界にとっても、きわめて危機的なものであることは、もはや言うまでもないだろう。

3　テクノロジー・ナショナリズム・主権国家

ゲ・シュテルの現われとしての総動員体制

二十世紀はハイデガーの言う「ゲ・シュテル」としての「技術」がその性能を全面的に発揮した時代だった。たとえば、二十世紀後半に確立し、われわれにもなじみ深い大量生産・大量消費・大量廃棄型の高度産業社会がそれである。あるいは、人間を主体であるように駆り立てるという面に特に注目するならば、二十世紀前半に二度の世界戦争にともなって独裁者ヒトラー（Adolf Hitler, 1889 - 1945）やスターリン（Iosif Vissarionovich Stalin, 1879 - 1953）の全体主義政権をはじめとして世界各地で登場した総動員体制も「ゲ・シュテル」の具体化したものにほかならない。

総動員体制とは、戦場（前線）と後方の区別なく、また軍人と一般市民の区別なく、社会全体が一丸となって戦争を行なうために、国家があらゆる資源を意のままに徴用し活用しようとして構築する体制である。その成立の背景には、普通選挙権や徴兵制による市民の政治権力との一体化、機関銃や戦車、飛行機などの火力や戦闘能力の向上による戦争の組織化、産業革命がもたらした膨大な富の蓄積と帝国主義的な生存競争があった。そこではまさに国家の指導のもと、人びとは「国民」として「主体的」に戦争に協力し参加するよう駆り立てられるのである。

しかし、「ゲ・シュテル」としての技術が支配しているというハイデガー的な観点から見るかぎり、二十世紀の前半の総動員体制社会と後半の高度産業社会の間には基本的に違いはないことになる。ファシズム、共産主義、自由主義というような政治体制の違いは本質的なものとは言えない。独裁者を讃えるためにマス・ゲームに駆り立てられることと、ブランド品の消費に駆り立てられることは、「駆り立てられる」という点では決定的に異なるわけではないからだ。ここから、ハイデガーの言う「技術」は社会的な意味を持つのはもちろんこと、強烈な政治的な意味合いを持っていることが見えてくるだろう。それはなんと言っても技術の威力にさらされている「主体」が、個人であると同時に「国民（Nation）」という共同的な存在でもあるからだ。

技術と国家の一体性

あらためて思い出しておこう。政治的に言えば、近代は、十七世紀に主権国家が成立するとともに始まった。主権国家は、明確な地理的境界線によって画定された領域を持ち、その内部での決定が自律的であるような国家であって、それを超える権威は地上に存在しない。したがって、主権国家は政治的な意思決定の最高の単位とされる。最高の単位である主権国家が並存し、原則的に優劣関係が存在しないのが国際秩序（主権国家システム）である。そしてごくおおまかに言って、十九世紀以後、同質性を持つネイション（民族）がこの国家と一体化するようになる。国家とネイション（国民となるべき民族）の間に強力このうえない情緒的・経済的・社会的・文化的な一体感をもたらすのがナショナリズムである。現実には、統治機構である国家と人間集団であるネイションがぴったり一致することはむしろ例外的なのだが、それでも第一次世界大戦以降は両者が一致することは当然の原理と見なされるようになった。ナショナリズムは一部の「民族意識」の強い地域だけにあるのではない。主権国家にはナショナリズムが構造的に組み込まれているのであって、なんらかのきっかけによってそれは露出したり暴発する——駆り立てられる——可能性を常に秘めているのである。

主権国家というメビウスの帯

ナショナリズムの時代に、国家は経済的な単位（国民経済）として、原材料たる「自然」を確保するために技術（的知）の振興をはかるだけでなく、国民の主体性と一体性《アイデンティティ》を確保するために一定の歴史解釈を推奨し、その普及に精力をかたむける。したがって歴史解釈が適切であるかどうかを決定する歴史学は、物理学や化学に主導される自然科学と同じように、「技術（的知）」として、近代国家の本質をかたちづくる構成要素なのである。自然科学的に自然を対象として観察し工学的に利用するこ と、歴史学的知見を背景に歴史を「われわれの歴史」として語ること、それが国家意識をかたちづくる。技術と政治がもともと別々に存在して、政治が技術を利用する、というのではない。自然や歴史に関わる技術（的知）がそれ自体政治的であること、このことが近代技術の本質をなす。国家とは技術的な力による世界支配の基地である。世界支配を目指す国家同士の衝突、すなわち世界戦争は避けられない、というのが一九三〇年代のハイデガーの見通しだった。

いずれにしても、われわれにとってハイデガーの洞察から得られるのは次のような見方である。近代科学に裏づけられた技術的知《テクノロジー》は、それだけを取り出してみるとこのうえなく「合理的」なものに見える。一方、ナショナリズムは時には虐殺や戦争を誘発しかねない、感情的で「非合理的」なものであるように見える。しかしこの対立は見かけのうえでのことにすぎない。テクノロジーとナショナリズムは主権国家という土壌において共通の根から成長してきた二本の幹なのだ。「合理的」なものの道をたどっていくと、いつのまにかそこは「非合理的」なものになっており、さらに進んでいくとまた「合理的」なものにもどっている、というメビウスの帯のような構造を持つのが主権国家なのである。

4　グローバリゼーションの時代の技術と国家

二十一世紀に求められる「技術的知」

ハイデガーはいかにしてこの危機を脱したらよいのかについてなにも述べないまま世を去った。その後十年あまりして、半世紀近く続いた東西冷戦構造が崩壊し、「グローバリゼーション」という言葉が全世界で口にされるようになった。軍事や経済、イデオロギーなどの分断が消滅し、膨大な量のヒト、モノ、カネ、情報が国境を越えて行き交い、ＩＴ（通信情報技術）の発展ともあいまって地球が一体化してきたかのような事態が誰の目にも見えるようになった。

もしハイデガーが存命であったら、グローバリゼーションの動きを見てどのようにコメントするだろうか。「二十世紀となんの違いもない」と言うかもしれない。自然も人間も、これまで以上にますます「資源」として用立てられ、取り立てられ、駆り立てられている。グローバリゼーション自体が、主権国家を舞台とする総動員体制の延長線上によりいっそう高いレベル――全世界――で「ゲ・シュテル」としての技術の威力が発揮された結果であると見ることは、たしかにできる。危機はいっそう拡大し深刻になったとも言える。

しかしハイデガーに抗してあえて常識的に考えれば、独裁者による全体主義的支配よりも個人の自由や権利と民主主義を尊重する自由民主主義体制のほうがはるかにましだ。その意味で、権力による抑圧から個人を守るために、人権を確立することは今日でも不可欠だろう。またグローバル化に合わせて、人権を国際化することによって、不当な抑圧や隷属をできるだけ減らすことも急務だろう。

けれども、人権を制度化し拡大することが必ずしも切り札にはならないことは、核戦争や地球環境問題に対して人権だけではどうにも解決をもたらしえないことを考えれば明らかだろう。そこでは、自然を脱自然化し人間をひたすら主体化するのとは異なる「技術的知」が求められなければならないのではないだろうか。

〔参考文献〕

H・アーレント、山田正行訳『暴力について――共和国の危機』（みすず書房、二〇〇〇年）
P・ヴィリリオ、市田良彦訳『速度と政治』〈平凡社ライブラリー〉（平凡社、二〇〇一年）

加藤尚武編『ハイデガーの技術論』（理想社、二〇〇三年）
木田元『ハイデガーの思想』〈岩波新書〉（岩波書店、一九九三年）
小林誠・遠藤誠治編『グローバル・ポリティックス――世界の再構造化と新しい政治学』（有信堂、二〇〇〇年）
佐々木力『科学論入門』〈岩波新書〉（岩波書店、一九九六年）
S・サッセン、伊豫谷登士翁訳『グローバリゼーションの時代――国家主権のゆくえ』（平凡社、一九九九年）
M・ハイデッガー、小島威彦訳『技術論』（理想社、一九六五年）
藤田省三『全体主義の時代経験』〈藤田省三著作集6〉（みすず書房、一九九七年）
山之内靖・酒井直樹編『総力戦体制からグローバリゼーションへ』（平凡社、二〇〇三年）

第Ⅲ部　普遍同質国家か世界福祉共同体か

第5章　南北間格差と環境の政治

1　環境問題は政治問題である

ゴア vs ブッシュ

「一瞬だけ大統領になったゴアです」。なかば自嘲気味な自己紹介から始められるドキュメンタリー映像のなかで、米国前副大統領であったアル・ゴア（Albert Arnold Gore, Jr., 1948-　）は、プレゼンテーション中に写し出される夥《おびただ》しい数の証拠写真を背にしながら、タンザニアの最高峰であるキリマンジャロ山頂の氷河や、世界の人口の約四〇％に飲み水の半分以上を提供しているチベット平原のヒマラヤ氷河などが、ここ数十年の間に、人類の排出する温室効果ガスによる地球温暖化の影響を受け、激減してしまった現状を切迫した口調で語っている。

産業革命以降、石油や石炭などの化石燃料の使用が大幅に増大したことにともなって大気中の二酸化炭素濃度が増加し、地球の温暖化を加速させていることは周知の事実である。一九八八年にＵＮＥＰ（国連環境計画）とＷＭＯ（世界気象機関）によって設立されたＩＰＣＣ（気候変動に関する政府間パネル）の『第三次評価報告書』（二〇〇一年発表）によると、実際のところ、温暖化を加速させている温室効果ガスの約六〇％が、化石燃料を消費する際に発生する二酸化炭素である。「世界が温暖化を緩和すべく、大胆かつ迅速に行動しないかぎり、今後五十年のうちに、世界のこの四〇％の人々は非常に深刻な飲み水不足に直面する可能性がある」。

ゴアは、この現状を真摯に受け止め、一九九七年十二月に京都で開催された「地球温暖化防止京都会議（ＣＯＰ３）」において、先進国から排出される温室効果ガスの具体的な削減数値目標やその達成方法などを定めた「京都議定書」の採択のために、難航する各国間の交渉を率先して調整したと言われている。しかしながら、この議定書の批准に関して、ゴアが当の米国上院議員百人のうち一人しか説得できなかった事実からしてすでに、地球全体の環境よりも自国の利益を最優先させるという米国の基本姿勢（「国家的な利己主義」）が見てとれる。二〇〇〇年の米国大統領選挙期間中に行なわれたテレビ討論会のなかで、ジョージ・Ｗ・ブッシュ（George Walker Bush, 1946-　）は地球の温暖化についてどう考えるのかという質問に対して、ゴアを目の前にしながら、今後自分自身が「まったく行なうつもりのないことの一つ」といった言い方で、「京都議定書にしたがって世界の空気を浄化する重荷を米国に背負わせること」を挙げている。

国家の都合と不都合

ゴアの出演するドキュメンタリー映画は、『不都合な真実』と題されている。この映画のタイトルそれ自体が、環境問題がきわめて政治的な問題であることを端的に表現していると言える。環境問題とは、何にもまして各国の〈都合／不都合〉から生み出された産物にほかならない。そして、このことはとくに、それが南北間の格差問題として取りざたされるとき、よりいっそう際立ったかたちで現われてくる。

米国は、温暖化を加速させる主要因である二酸化炭素の総排出量約二五〇億トン（二〇〇三年）のうちのおよそ五分の一（二二・八％）を排出している。ついで、中国の一六・四％、ロシアの六・三％と続き、日本は米国のほぼ四分の一である四・九％を排出し、世界第四位の二酸化炭素排出国となっている（「ＥＤＭＣ／エネルギー・経済統計要覧二〇〇六年版」）。

それにくらべると、開発途上国は人口一人当たりの二酸化炭素排出量もずっと少なく、一見、温暖化に対する責任はほとんどないとも言える。今日急激に加速しつつある地球の温暖化が、これまで、豊かさを享受するために地球の資源を浪費することで大量の温室効果ガスを排出し続けてきた先進諸国にその原因があることは明白である。しかしながら、その責任のすべてを先進諸国が引き受けなければならないという論理には無理があるのではないか、ブッシュは米国の〈都合〉を主張しはじめる。

二〇〇一年三月三十日付のニューヨーク・タイムズ紙でのインタビュー記事のなかで、就任後間もないブッシュ大統領は、地球温暖化の問題について尋ねられた際に、「われわれは自国の経済を害するようなことは何もしないだろう。なぜなら、何にもまして優先しなければならないのは米国に住んでいる人びとなのだから」、と言ってのけたことは有名である。この発言を裏付けるかのように、当時、ホワイトハウス報道官だったアリ・フライシャーは、国内で販売もしくは運転されている車の燃料消費の大幅削減要求に関するブッシュ大統領の考えを代弁して、「燃料消費はアメリカ的なライフスタイルの一つであって、そのアメリカ的なライフスタイルを守ることが政策立案者の目的でなければならない。大幅な削減などありえない」と語っている。

「アメリカのライフスタイルを守る」

ブッシュ大統領はまた、この「アメリカのライフスタイルを守る」という自国の〈都合〉を維持するために、それまで米国石油協会のロビイストとして、温暖化に関する情報を協会にとって〈都合のよいもの〉となるように修正する活動をしていたフィリップ・クーニーをあえて環境問題諮問委員会委員長として迎え入れ、かれに、環境保護庁をはじめとする連邦政府各省庁から提出される温暖化に関する公式評価を検閲する権限を与えてもいる。すなわち、ブッシュにとって環境問題はあきらかに政治問題化されており、米国内の石油・石炭会社、あるいは自動車メーカーにとって〈不都合〉をもたらしかねない地球の温暖化に関する真実は、自分たちのライフスタイルを変えることを強制する

「不都合な真実」といった意味合いしか持たされず、米国の国益に著しく反するものとして徹底的に斥けられることになるのである。世界全体の利益よりも自国の利益を最優先させようとするブッシュのこの〈都合〉は、はたして倫理的に正当化可能なものなのかどうか。

2　自国の利益か世界全体の利益か

〈役割〉にともなう「特別の義務」

ただ、ブッシュが「京都議定書」からの離脱の理由として掲げているものが、単純に「世界の空気を浄化する重荷を米国には背負わせない」という国家的な利己主義によるものだけでないことには十分に気を配っておく必要がある。ブッシュは、その理由として、そもそもこの「議定書」が、EU諸国やカナダ、そして日本や米国などといった先進諸国に対してだけ温室効果ガスの排出削減目標を課しており、「中国やインドなど（といった開発途上国）をその条約から免除している」点を挙げている。そしてブッシュは、この点に関して「より公平で」なければならないとも言う。つまりかれは、そもそもこの議定書が倫理的にみて問題があるとしてそれを拒否しているのである。とはいえ、自分の同国人を外国人よりも優先することを許す、いかなる「公平な理由」があるというのか。

考えられうるものとして、ブッシュには一国の指導者の〈役割〉として「特別な義務」が負わされている、とする主張が挙げられる。ブッシュは、米国大統領職を引き受けると同時にすべての米国民の利益を保護し、また促進することを己の義務とする「特別な役割」を担わされる。もし仮にブッシュが国民の生活レベルを著しく低下させてまでも、温暖化によって多大な被害を蒙る他の諸外国のためだけに多くの国家予算を費やす政策をとるのなら、確かにそれは自国民に対する責任を放棄していると非難されてもしかたがない。一国の指導者という〈役割〉にともなう「特別な義務」は、たとえそれが他の諸外国の利益を著しく損なう結果を招くとしても、自国民が望む結果を達成するためのよりよい枠組みを提供するという理由においてなら正当化は可能である。しかしながら、たとえそれが〈役割〉にともなう「特別な義務」に基づくものであったとしても、一国の指導者が他の国に住む人びとの利害を考慮し、彼ら／彼女らに対して「公正に対処する義務」を果たすことが免除されるわけではない。

「自分の国の人間」をひいきしてはダメなのか

とはいうものの、「外国に住む見知らぬ人を助ける義務」が「自分の隣人や同国人を助ける義務と同じように重要であるという主張」に対しては、われわれがなかなか同意できないのもまた事実である。われわれは、「自分の隣人や同国人に対して――また自分の家族や友人に対して――負っている特別な義務は、外国に住む見知らぬ人に対しては負っていない」と考えがちである。シンガー（Peter Albert David Singer, 1946-　　）は、功利主義の理論家であるシジウィック（Henry Sidgwick, 1838-1900）の作成した「われわれが親切心を示すべき特別な義務をもつ人びと」のリストを参考にしながら、この「特別な義務」に関して詳細な考察を展開している。

「親切心を示すべき特別な義務をもつ人びと」としてシジウィックがリストアップするのは、親、配偶者、子ども、その他の親族、自分に親切にしてくれた人びと、友人、隣人、そして同国人などである。シンガーは、これらの人びとに対する「特別な義務」が「公平な視点からの正当化の要求に耐えうるか」を順に吟味している。

まず、親や子どもなどといった親族への「特別な義務」は、「人間本性の不可避的な制約と、愛情のある家庭で子どもを育てることの重要性とを考慮する」なら、そのような「一定の偏愛を示すことを前提にした社会的慣習を是認することには公平に見て正当な理由がある」とされる。たとえ「愛情にもとづく関係や友情にもとづく関係が偏愛的にならざるをえないとしても、ほとんどの人にとって、それは善き人生と呼びうる人生の中心をなす」ものなのであって、ある程度の「偏愛的選好」は、それらの「善を促進するのに必要な」範囲内であれば十分正当化されうる。

さらに、「自分に親切にしてくれた人びと」や「隣人に対する義務」も、それによって互いに「有益な互恵（相互援助）関係などを結ぶ機会」を与えてくれ、それらの「善を促進すべき公平な視点から正当化できる理由」を獲得するとされる。しかしながら、「自分の同国人を外国人よりも優先する」という「特別な義務」については事情が異なる。

たしかに、「ある国家の国民であることは、助け合いの共同体に参加すること」であるとして、「他国民よりも自分の同国人を優先して助ける義務を助け合いの義務として理解する」ことは可能である。

しかしながらシンガーは、この主張に対しては、それが「はるかに差し迫った困難に見舞われている他国の国民よりも自国の同国人を優先すべき十分な理由」を与えはしないとして斥ける。たとえば、今後、環境破壊にともなう地球温暖化によって住むべきところを奪われた人びとが「環境難民」となり、「米国のような気候変動に適応するための資源を有する地域でのよりよい生活を求めて」その「共同体への参加」を希望してきた場合、「こうした難民の入国を認めずに、かれらは私たちの共同体の成員ではなく私たちとは何の互恵的関係も持ってはいないと主張して、誰を助けるか決める際にかれらに背を向けて差別するのは公平とは思われない」。親族や友人のばあいとは異なり、同国人の利益を優先すべき強固な根拠は見当たらない。

「国民国家」という観念が足枷に

実は、この「自国の利益を重視する」という考え方にはさらに厄介な問題が隠されている。「われわれは、非常に長い間、主権国家という観念を受け入れてきたがために、いまや主権国家（という観念）は外交や公共政策の背景の一部となっているだけでなく、道徳の背景の一部にもなっている」。しかしながら、逆にこの「主権国家」や「国民国家」という発想それ自体が、現在、世界レベルでの地球温暖化への危険回避の必要性が叫ばれている現状のなかで、まさにその進展を遅らせる〈足枷〉になっているのではないか。

なにも、〈役割〉に基づく「特別な義務」を保持しているのはブッシュだけではない。他の国民国家の指導者にしてみても、自国民の利益を最優先させるのは当たり前の話である。しかし、だからと言って引き続きこの「国民国家」という従来の発想にすがり続けるのであれば、地球温暖化の問題は依然として国家間における「自然状態」といった切り口から議論せざるをえなくなる。そういった意味からすれば、いま、南北間格差と環境の政治・倫理を考える際に求められているものは、国家と国家の結びつきを強めることを目的とした従来の「国際化」の動きですらなく、それは、「グローバリゼーション」という名のもとで、まさに「国民国家という既存の概念を超え出たもの」を本気で考えるという試みでなければならない、とシンガーは言う。それは、崩れ行く地球環境をまえに、そもそも「われわれ自身が一つの世界に生きているという考え方に対して倫理的にどのように答えるかにかかっている」。求められているのは「国境に基づく倫理」ではなく、「一つの世界という考えに基づく倫理」である。

3　南北間における環境責任の配分方法を考える

壊した奴が責任をとれ

地球上の大気を先進諸国だけのものではなく、あらためて開発途上国も含めたすべての国にとっての「一つの大気」(「共通の資源」)として捉え返すならば、さしあたり先進諸国には「汚染者賠償(壊した奴が責任をとれ)」論が突きつけられることになる。

そもそも先進諸国は開発途上国のおよそ五分の一の人口しかいないにもかかわらず、これまで過去一世紀にわたり自国の産業をとおして大気中に多くの二酸化炭素を排出してきた。先進諸国がその後始末をするために世界に対して何らかの責任を負うのは当たり前の話である。事実、先進国のなかでも米国は、一人当たりの二酸化炭素排出量が一九・七トンと世界の中でも異常に多い。ついで、ロシアの一一・一トン、ドイツの一〇・三トン、そして日本と英国が九・六トンと続く。総排出量から言えば一六・四％の中国も、一人当たりの排出量に換算すれば三・二トンにとどまっている（ＥＤＭＣ／エネルギー・経済統計要覧二〇〇六年版）。先進諸国は引き続き事態を悪化させている。まずは環境を破壊した先進国が責任をとるべきである。

実際、一九九二年に採択された「気候変動に関する国際連合枠組条約」では、地球温暖化への対策責任を各国（締約国）それぞれに「共通するもの」としつつも、「公平の原則」に基づき、それらのうちに「責任の差」や「各国の能力」などを認め、そこから「人類の現在と将来の世代のために」先進締約国が「率先して気候変動とその悪影響に対処」すべき旨が述べられている（第三条）。

「公正」な分配は可能か

しかしながらシンガーは、これまでの行ないに対する償いといった「過去に目を向けた基準」ではなく、今までのことはいったん水に流し、あらためて「未来に目を向けた基準を設定する」ことはできないか、と問い直す。そこでシンガーが議論の軸として据え付けるのが、「公正さ」という基準である。

「公正さ」に関する議論として最もよく知られたものに、「最も不遇な状況にいる人びとを助ける」という条件を考慮して「公正さ」を捉え返そうとするロールズ（John Bordley Rawls, 1921 - 2002）の〈公正としての正義〉論が挙げられる。ロールズは、社会的・経済的な不平等を（一）公正な機会均等、（二）最低の状況にいる人びとの利益の最大化（「格差原理」）という二つの条件を満たすよう是正すべきであるとする。ロールズの「格差原理」に従えば、温室効果ガスを吸収する大気の許容能力を分配する際に、自分にはまったく落ち度がないにもかかわらず不遇な状況に置かれている人びとの現状を改善しようとしない分配は何であれ拒絶されることになる。なぜなら、「格差原理」においては、社会的・経済的な不平等が容認されるのは、そうすることが最低の状況にいる人びとの状態を改善する場合に限られるからである。ブッシュのように自国の〈都合〉だけを押し通すことは明らかに〈公正さ〉に欠ける。

シンガー自身は、それが「政治的妥協に適して」おり、また「グローバルな福祉を増大させるようにも思われる」といった理由から、「全員に対する温室効果ガス排出権の平等な割り当て」原則を提唱する。具体的に言えば、それは「地球上の各居住者のあいだで、われわれの排出ガスを吸収する大気のシンク（廃棄物を吸収する場）の容量を平等に分配する」という提案である。シンガーは、人口の数に照準を絞りながら、「二〇五〇年における国別の人口増加についての国連の予想と関連づけられた、大気のシンクの許容の割り当てに対する人口一人当たりで平等な未来の権原〔ある行為を正当化する法律上の原因〕」についての原則を提唱する。

もちろん、この原則を採用したからといって先進諸国の負担が軽減されるわけではない。仮に、既述の数値をもとに、一人当たりの「公平な炭素排出量（この惑星に住む人類全体の基本的で平等な権原）」を五トンと設定したとしても、人口一人当たりの二酸化炭素排出量が一九・七トンである米国は四分の一以下にまで削減することが求められる。ロシア、ドイツ、日本、英国も、現時点から五トン以上削減しなければならない。しかしながら、人口一人当たり三・二トンにとどまっている開発途上国の中国は、現在よりも幾分余裕のある炭酸ガスの排出を認められることになるだろうし、またインドも同様である。

南北間の格差をいかにして埋めるか

「人口一人当たりの平等な割り当て」という原則と完全に両立しつつ、産業国にとってこの移行を大幅に容易にし、また同時に途上国に対しても大きな利益を生み出すような機構が存在する。それは、「京都議定書」に盛り込まれた「京都メカニズム」のひとつでもある「排出権取引」（議定書第十七条）である。

「京都メカニズム」とは、温室効果ガスの削減数値目標を各国国内での対策としてだけでなく、他国の排出量を購入したり、より削減コストの低い国に資金提供や投資を行なうことで生じさせた排出削減量を自国の削減量としてカウントすることができるようにするシステムのことである。たとえば米国のようにすでに自分の割り当て量以上に生産している国は、この取引のおかげで、その必要な分の排出権を、割り当て量を下回っている国から買い取ることが可能となる。ちなみに「京都メカニズム」では、「排出量取引」は「附属書Ⅰ国」すなわち先進国のあいだで「初期割当量の一部や共同実施、クリーン開発制度を通じて獲得したクレジットを売買する仕組み」とされている。これを先進諸国間だけではなく、開発途上国も含めたグローバルな排出権取引へと拡大していけば、排出権取引は先進国が切望する温室効果ガス排出権を世界の最も貧しい国々に与えることになり、南北間の格差を縮小させる可能性をおおいに備えるに違いない。

しかしながら、実際のところ、このような排出権の取引だけで加速する環境破壊の勢いを止まらせるのは難しい。ここのところ開発途上国の中国が先進諸国並みの高度消費社会を達成しようとして、石油の枯渇の時点が早くなるという予測が多く語られている。いくら先進国が大量消費社会から脱却し、生活の質の高い環境適応型のライフスタイルの確立へとその舵を取りなおしたとしても、その一方で、依然として開発途上国が従来の先進国並みの大量消費社会をモデルとして開発を加速させ続けているのであれば、温暖化防止対策の目に見える効果は期待できない。開発途上国に対して、今後、いかにして従来型の発展モデルとは異なった、新たな「発展の型」や社会像を示していけるかが、先進諸国にとって環境問題や南北間格差を考えていくうえできわめて重要な課題となる。

〔参考文献〕

加藤尚武『新・環境倫理学のすすめ』〈丸善ライブラリー〉（丸善、二〇〇五年）
加藤尚武編『環境と倫理――自然と人間の共生を求めて』（新版）〈有斐閣アルマ〉（有斐閣、二〇〇五年）
蟹江憲史『環境政治学入門――地球環境問題の国際的解決へのアプローチ』（丸善、二〇〇四年）
A・ゴア、枝廣淳子訳『不都合な真実』（ランダムハウス講談社、二〇〇七年）
P・シンガー、中野勝朗訳『「正義」の倫理――ジョージ・W・ブッシュの善と悪』（昭和堂、二〇〇四年）
P・シンガー、山内友三郎・樫則章監訳『グローバリゼーションの倫理学』（昭和堂、二〇〇五年）
諏訪雄三『アメリカは環境に優しいのか――環境意思決定とアメリカ型民主主義の功罪』（新評論、一九九六年）
竹内敬二『地球温暖化の政治学』〈朝日選書〉（朝日新聞社、一九九八年）
戸田清『環境学と平和学』（新泉社、二〇〇三年）
G・ポーター／J・W・ブラウン、細田衛士監訳『入門地球環境政治』（有斐閣、一九九八年）

第6章　福祉国家は管理社会に取って代わられるか

1　はじめに

二十世紀も終わりに近づいたとき、世界に激震が走った。東ヨーロッパの共産主義政権が次々と倒れ、最後には総本山とも言うべきソ連という超大国が解体した。これを「自由主義的《リベラル》な民主主義の勝利」であるとする意見が声高に唱えられた（F・フクヤマ『歴史の終わり』三笠書房、一九九二年）。二十世紀に世界の一方の主役であった共産主義が過去のものとなったことはたしかに誰の目にも明らかだ。しかし、自由主義陣営の「自由」や「民主主義」も、単に全世界に空間的に拡大したというだけでなく、冷戦時代とその後では質的に大きく変わってしまったのではないのか。とりわけ自由主義が尊重する「自由」の意味はいつのまにか別のものになりつつあるのではないだろうか。
この章では、いま述べたような自由民主主義の変質という事態を「福祉国家」と「管理社会」という二つのキーワードから考えてみることにしよう。

2 「福祉国家」とはなにか

「福祉国家」はいかにして成立したか

第二次世界大戦後の東西冷戦の時代、ソ連をはじめとする「東側」の社会主義陣営に対して、「西側」の資本主義諸国は「福祉国家」であると言われた。現在でも福祉国家という概念やそれがさす現実がなくなったわけではない。ここではまず福祉国家とはどのようなものであるのか、その輪郭をはっきりさせておくべきだろう。「福祉国家」とは、国家（政府）が国民の福祉を積極的に増進させようとする国家のことだ、という理解はもちろん間違っているわけではない。しかし、それではあまりにも表面的すぎて、肝心なことを見逃しているからだ。

こんにち使われている「福祉国家」という言葉は第二次世界大戦が始まる一九三〇年代末にイギリスで登場した。ファシズム体制の敵国ドイツを「権力国家（power state）」と呼び、それとの対比でイギリスが目標とする国家のあり方が「福祉国家（welfare state）」と呼ばれたのである。福祉国家とはこのように、直接的には戦争に際して国民を戦争へと動員するためのスローガンとして登場したのだったが、その出現に至るまでには十九世紀以来の長きにわたる歴史的背景があった。

資本主義という経済システムは、産業革命をジャンプ台として、十九世紀以後めざましい発展を遂げる。しかし、従来見られなかった機械制大工場を中心とした工業化は、劣悪な労働環境、常につきまとう労働災害や失業、貧困、さらにスラムというかたちで進む都市化の不衛生な住環境など、そこで暮らす人びとの生活を脅かし社会の存立を揺るがすような問題を生みだしていた。これに対して、労働運動の隆盛や社会主義思想の台頭が見られる一方で、資本主義を維持しようとする立場から一八八〇年代にドイツのビスマルク保守政権が社会保険制度を創設するという挙に出る。労働者が資本主義経済の荒波にもみくちゃにされるにまかせた場合、その社会的なコストがあまりにも高すぎることが明らかとなってきたのだ。この動きが後の「福祉国家」への重要なステップとなる。市場をはじめとする市民社会の領域に国家ができるだけ介入しないことをよしとする十九世紀的な「自由放任主義」の限界がしだいに意識されるようになったわけである。

この流れをもう後戻りできないところにまで押しやったのが、一九二九年に発生した世界恐慌のもたらした衝撃と、それに対処するべくイギリスの経済学者J・M・ケインズ（John Maynard Keynes, 1883 - 1946）によって考案された経済理論だった。国家の介入を排除した自由な競争に基づく市場が完全雇用を実現するというそれまでの経済理論は、大恐慌という現実を前にまったく説得力を失なった。この前例のない不況を脱出するためには、国家（政府）が財政政策や金融政策をつうじて市場に積極的に介入することが必要だ。それだけではない。道路・電力・住宅など社会的に有用な事業に国家自身が大規模な投資を行ない、総需要を管理することによって、はじめて完全雇用が達成できる。政府が市場に介入しながら経済をマクロ的に管理することは必要不可欠であり正当であるというケインズ主義の主張が資本主義経済運営の基本原則と見なされるにいたったのである。福祉国家が成立するための経済学的な根拠がここにしっかりと据えられたわけである。福祉国家は、その意味で「ケインズ主義的福祉国家」と呼ぶほうが学問的にはより正確で適切だろう。

ケインズ主義的福祉国家が保障するもの

福祉国家が登場してくる時代背景をもう一度思い起こしてみると、それはなによりも「工業化」という意味での産業化の時代であった。大量生産・大量消費型の経済活動が主流となり、資本家と労働者という「階級」が鋭く意識され、企業や労働組合という「組織」が強い社会的影響力を持つようになった。それはひるがえって政治の世界にも反映され、自由主義や共産主義、社会民主主義、さらにはナショナリズムなどの「イデオロギー」を看板とする政党――これも「組織」の典型だ――を軸とする政治が、普通選挙権の確立にともなう大衆デモクラシーというかたちで実現した。ケインズ主義的福祉国家は、資本主義経済が「自由放任主義」ではもはや立ち行かないことがはっきりしているなかで、一方ではソ連のような資本主義を否定する中央指令型の社会主義的計画経済を拒否し、また他方で全体のために個人の自由を統制するファシズムにも断固反対して、いわばその中間にありうべき「管理された資本主義」の可能性を切り拓いてきたものだった。

この「管理された資本主義」という理念に基づいて実際に国家（政府）が行なっているのは、大まかに言って、①市場（民間部門）が提供しにくい財やサービスを提供する、②著しい経済的な不平等を是正するために所得再分配政策を行なう、③国民の生活水準を維持向上させるために社会保障政策を制度化し運営する、の三点にまとめることができる。「福祉」という言葉でわれわれが思い浮かべるのは、この③で言われる社会保障政策を指すことは言うまでもないだろう。

ケインズ主義に呼応するかたちで一九四二年にイギリスで作成された『ベヴァリッジ報告』は、均一拠出・均一給付を原則とする社会保険に公的扶助および任意保険を組み合わせることによって、すべての国民にとっての最低限度の生活水準（ナショナル・ミニマム）の保障を国家が行なうという構想であった。これは第二次大戦後に実行に移され、他の諸国にも波及していった。たしかに同じ「福祉国家」と言っても実際には地域や国によってさまざまなタイプがあるが、いずれにしても二十世紀後半の「西側」先進資本主義諸国の政治において、社会保障は最も重要な政策の柱の一本となり、それに基づいて社会が作られてきたのである。「福祉国家」とは国家が国民の福祉の増進を積極的に推し進めようとする国家のことだという理解は表面的すぎると先に述べたのは、こうしたケインズ主義の考え方と枠組みが見えていないからであるが、しかし社会保障政策が福祉国家の最も分かりやすい側面であることも否定できない。

このように「社会保障（social security）」という概念は、「福祉国家」という体制の象徴とも言うべきキーワードである。「社会保障」は、狭い意味で用いられるときには、窮乏を取り除くべき所得保障を指すが、もっと広い意味で受けとることのできる言葉である。最も包括的に捉えるならば、それは、個人の力だけでなく社会的な連帯によって、人びとが人間らしい生活を送るうえで基礎的に必要となるものを権利として保障しようという思想を指すと言えるだろう。かつて十八世紀には、国家権力に対抗するかたちで信仰の自由や身体の自由、思想・言論の自由や契約の自由といった自由権的な権利の獲得がはじまり、十九世紀には政治的権利（参政権）が拡大されていったが、二十世紀には社会保障が普遍的な人間の権利（社会権）として確立されていくことになったわけである。この社会権を政治的経済的社会的に具体化したものが福祉国家なのである。少し角度を変えて言うなら、市場経済のなかでの自由競争をつうじて「効率性」を追求すること、経済格差や不平等が許容できる限度を越えない程度にする「社会正義（公正）」を実現すること、そして、生活のリスクを潜在的にかかえている個人の「自由」を名前だけでなく実のあるものにすること、こうした目標を達成する総合的な枠組みとして「福祉国家」は構築されたのである。

3　福祉国家から管理社会へ？

福祉国家の限界と新自由主義の批判

第二次大戦後の「西側」先進諸国は、敗戦国であった（西）ドイツや日本をはじめとして、歴史上かつてないほどの経済成長を記録した。一定の経済発展があってはじめて福祉国家の財源は調達できる。その意味で、社会保障という「社会的なもの」と経済成長という「経済的なもの」は相互依存の関係にあった。しかし、一九七三年の石油ショックをきっかけとして七〇年代後半から先進資本主義諸国は不況とインフレーションの同時進行（スタグフレーション）という前例のない経済的な混迷に入り込んでしまった。このような事態に対して処方箋を書くことのできないケインズ主義は信頼を失墜し、また財政赤字の悪化によってナショナル・ミニマムの保障は困難になりはじめた。さらに、福祉の充実は働く意欲を奪うとか、福祉サービスは画一的で官僚主義的だという批判も吹き出してきた。「福祉国家の危機」が唱えられ、ケインズ主義的福祉国家の縮小や根本的な見直しを求める声が急速に高まってきたのである。それはまず、一九八〇年代にイギリスのサッチャー政権、アメリカのレーガン（Ronald Reagan, 1911 - 2004）政権などのもとで現実のものとなった。

福祉国家の祖国イギリスは、完全雇用を達成し、充実した福祉政策を行ない、労働組合と協調路線をとる公営企業を数多くかかえていた。しかし、七〇年代には「イギリス病」と呼ばれるような経済的社会的な機能不全に苦しむようになった。そこに、さまざまな反対や抵抗を力ずくで押さえ込んで思い切った改革のメスをふるって登場したのが「鉄の女」ことサッチャー首相（Margaret Thatcher, 1925 - 　）である。サッチャーはまず、財政による所得再分配政策にかわって、所得課税中心から消費課税中心への税制改革を行なって高額所得者の消費性向を高め、景気の回復を図った。また、年金受給水準の切り下げなどの社会保障政策の大幅な見直しを行ない、さらに国営企業の民営化や公的な規制の撤廃を断行した。こうしたサッチャーの路線は福祉国家の行き詰まりを打破する改革のモデルとして大きな影響を与えることになる。

公共投資や所得再分配政策を縮小し、民営化や規制緩和を積極的に推進するということは、資本主義経済を国家が管理するのをあきらめるということを意味する。かつての「自由放任主義」のレベルに戻るのはなるほど現実には難しい。しかし、国家による経済への介入が諸悪の根源であり、資源の配分はできるだけ市場による自動調節のメカニズムにまかせるべきだという「市場原理主義」とも呼ばれる市場擁護論が、国家の役割は市民社会のアクティヴな管理者からせいぜいレフェリーにとどまるべきだと強く主張した。国家は市場でのゲームのプレイヤーではないと宣言したわけだ。市場での自由な競争を至上のものと見なすこの考え方は、さまざまな組織や国家によるバックアップを取り外し、個人をふたたびむき出しの個人にしようとする。人生において成功するか敗者となるか、それはほかでもなく当人の才能と努力によって決まるのであり、すべては「自己責任」である。福祉国家は、他者に依存し自律のできない人間を作り出すという面からすれば倫理的に正当化できないとするこの立場は、一般に「新自由主義」と呼ばれる。福祉国家と新自由主義との対立は、個人の自由という価値を尊重する立場を共有しながら、それをどのようにして実現するかをめぐる倫理的な争いでもあるわけである。

グローバリゼーションが福祉国家を堀り崩す

新自由主義に共鳴する動きが世界にしだいに広まっていった背景には、先進資本主義国が製造業を中心とする工業化の段階を終え、サービス産業を中心とする第三次産業を産業構造の中心とする社会へ変化しつつあったということが考えられる。福祉国家の時代に社会の主役であった固い「組織」が時代にそぐわなくなってきたのだ。こうした傾向は、一九九〇年代の東西冷戦体制の崩壊とともによりいっそう明確になる。共産党政権による中央指令的計画経済が地上からほとんど消滅し、市場経済の全世界化がグローバリゼーションとなって現われたのである。

グローバリゼーションはなにも二十世紀の末になって突然始まったわけではない。しかし、この時期になって初めて、それ以前とは比較にならないほど多量のモノ、ヒト、カネといった資源や情報が国境を越えて移動するようになったことは間違いない。特にインターネットや携帯電話をはじめとするIT（情報技術）革命とあいまって、世界は情報という点で時間的にも空間的にも急速に一体化した。経済のグローバリゼーションは、従来貧しかった階層や国にも豊かになれるチャンスをもたらすが、その一方で、経済的な格差や不平等を、一つの国のなかでも、全世界的にも、拡大し分散させる傾向にある。

福祉国家にとってもグローバリゼーションのおよぼす影響はきわめて大きい。なるほど福祉国家が登場した時期にも多国籍企業は存在したし、途上国から先進国への移民労働者は存在したが、その規模はまだ限られていた。しかし、グローバリゼーションは、そうした資本や労働が国境を越えて移動する際の制限をできるだけ小さくする方向に進んでいく。少し理論的な表現をするならばこういうことである。ケインズ主義的福祉国家は、政府が総需要を管理して完全雇用を達成し、それによって調達した財源を所得再分配に用いる仕組みである。言い換えれば、一国の経済の単位である「国民経済」が国際経済システムからある程度自立しており、政府が意のままに自国の経済を調整できることが前提となっている。ところが国境を無意味なものにしてゆくグローバリゼーションは、こうした福祉国家が成立するための基本的条件を崩しつつあるわけである。そのうえで、たとえば在住外国人――実際には外国人といっても一様ではない――に対する社会保障政策の適用をどうするか、あるいは、国際的な競争力の維持と向上を名目に税負担の軽減を要求する――それは社会保障政策の縮小に直結しかねない――企業の動きなど、福祉国家の存立を脅かす要因は増えることはあっても減ることはないのが現状である。

管理社会の到来か

こうした福祉国家の後退とグローバリゼーションと結びついた新自由主義の伸張は、これまでにはなかった新しいかたちの社会を生み出しつつある。それについてはいろいろな表現ができるだろうが、ここではそれを「管理社会」と呼ぶことにしたい。

「管理社会」という言葉は新しいものではない。二十世紀の中頃、管理社会というと、産業の高度化にともなって豊かな社会が現実のものとなる一方で、巨大な組織が発展し官僚制的システムに統御された社会というイメージで捉えられていた。福祉国家もそうであったような「組織」の時代のイメージである。官僚制やテクノロジーをつうじて画一的な思考や行動が日常生活のすみずみにまで浸透するような支配というこの管理社会の特徴づけの根底には、社会の中枢のどこかで人びとの目には見えないエリート的支配集団が、その支配に人びとが自発的に従うように規律を施す権力を行使しているという暗黙の共通了解があった。

哲学者のドゥルーズ（Gilles Deleuze, 1925 - 1995）は、こうした「規律社会」は現代では「管理社会」に取って代わられようとしていると言う。ここで言う「管理社会」には、あの二十世紀中葉の「管理社会＝規律社会」とは重要な相違点がある。ここではそれを「監視」という点から見てみよう。

「管理社会＝規律社会」では、国家における警察であれ、企業における経営者であれ、教室における教師であれ、「権力」を持つ者がそれを持たない者の行動を統御し、ルールに反する行動を取り締まるために監視はなされていた。たしかにその点は変わっていない。しかし現代では別のタイプの監視が出現してきた。たとえば防犯目的で商店街の商店主たちが監視カメラを設置したり、個人で自宅に防犯用の監視カメラを取りつけるのは珍しいことではない。また監視といってもカメラだけではない。指紋や瞳の虹彩などを用いる生体認証（バイオメトリックス）、赤外線センサー、ＩＣタグなど、新しい監視テクノロジーのツールは次々に登場している。かつてはもっぱら監視される側にいた人びとは、今ではむしろ自から進んで監視を推し進めようとしている。犯罪から身を守るというような個人の「安全」は、権力者によって守られるのではなく、自分自身で守るべきものになりつつある。そして、そこで監視の標的として、犯罪の前歴者など、リスクの高い、「要注意」の人びとが絞られていく。だれが要注意なのかは、情報が蓄積されているデータベースで管理されている。つまり新しい管理社会で監視されるのは、結局のところ犯罪歴や病歴といったある特定の個人情報なのだ（したがって情報の流出は重大な社会問題となる）。とすれば、データベースにアクセスして得られた情報をもとにして、アブナイ人や集団を社会から排除することも、自分が排除される側になる可能性も含めて、いまでは技術的には十分に可能である。それが実行に移されるかどうかは、どれだけの人がそれを望むかにかかっているのである。

4　「自由」と「安全」のゆくえ

現代の管理社会での監視は、「管理社会＝規律社会」のような誰の目にもはっきりわかる「権力」が一方的に個人を監視するものではない。多くの人びとがさまざまな不安に駆られ、少しでも安心で快適な生活を求めて自分たちが暮らす環境の管理を強めようとしている。こうした動きに対して、「プライバシーの侵害だ」と抗議をしても、多くの人が監視を望んでいるという現実を前にしては共感を得るのは難しそうだ。

福祉国家と新自由主義のことをもう一度思い出しておこう。福祉国家の時代、個人は企業や労働組合などの一員として、組織の固い殻のなかにいた。組織のメンバーであること、そして国家を管理者とする社会の連帯の力が、自由で快適な暮らしを提供してくれるという安心感を与えていた。しかし、新自由主義が広まってくると、組織は解体され、社会は断片化する。個人は裸で「自由」な競争に立ち向かい、社会生活を送るうえでのリスクには自分の力だけで対処しなければならなくなる。けれども、忘れてはいけないことは、すべてが個人の自由、個人の責任に任されるような社会は、実際には社会の秩序を守るためという名目で強力な管理のネットワークが張りめぐらされるという点である。これでは、自由の追求が不安を増大させる悪循環になっているのではないだろうか。

人生につきまとうリスクを個人の力だけでなく社会的な連帯をつうじて軽減し、より安全な生活をもたらそうとする「社会保障」は、このグローバリゼーションの時代にこそ必要だという逆転の考え方も成り立つかもしれない。国境を越えたグローバルな市民社会の連帯によってグローバルな社会保障を実現するのは一部ではすでに現実のことになっている。

なによりわれわれは、管理されたケージのなかで「安心」して「快適」に暮らせることがはたして「自由」だと言えるのか、「自由」であるかどうかを意識しなくて済むような生活がまともであるかどうかという点にもう一度目を向けてみるべきではなかろうか。

〔参考文献〕

東浩紀・大澤真幸『自由を考える――9・11以降の現代思想』〈NHKブックス〉（日本放送出版協会、二〇〇三年）
伊豫谷登士翁『グローバリゼーションとは何か――液状化する世界を読み解く』〈平凡社新書〉（平凡社、二〇〇二年）

小笠原浩一・武川正吾編『福祉国家の変貌――グローバル化と分権化のなかで』（東信堂、二〇〇二年）
金田耕一『現代福祉国家と自由――ポスト・リベラリズムの展望』（新評論、二〇〇〇年）
R・コーエン／P・ケネディ、山之内靖・伊藤茂訳『グローバル・ソシオロジー』（1・2）（平凡社、二〇〇三年）
齋藤純一編『福祉国家／社会的連帯の理由』（ミネルヴァ書房、二〇〇四年）
鈴木謙介『カーニヴァル化する社会』〈講談社現代新書〉（講談社、二〇〇五年）
G・ドゥルーズ、宮林寛訳『事件と記号――1972-1990年の対話』〈河出文庫〉（河出書房新社、二〇〇七年）
C・ピアソン、田中浩・神谷直樹訳『曲がり角にきた福祉国家――福祉の新政治経済学』（未来社、一九九六年）
D・ライアン、河村一郎訳『監視社会』（青土社、二〇〇二年）

第Ⅳ部

グローバル化した世界における価値対立

第7章　帝国とナショナリズム

現在、進行しつつあるグローバル化を批判する人びとは、グローバル化による文化や価値観の均質化やそれにともなう伝統的価値観の崩壊を食い止めるべく、ナショナリズムなどの共同体的価値の復興あるいは創出へと向かうか、もう一つのあるべきグローバル化（alter-globalization）を志向するかに大きく分かれる。本章では、後者の立場に立つA・ネグリ（Antonio Negri, 1933-　）とM・ハート（Michael Hardt, 1960-　）の政治哲学を考察する。

1　ネグリ／ハートによるグローバリズム分析＝〈帝国〉論

ネグリとハートは二〇〇〇年に『〈帝国〉』を、二〇〇四年にその続編『マルチチュード――〈帝国〉時代の戦争と民主主義』（以下『マルチチュード』と略記）を共著で世に問うた。『マルチチュード』は、さまざまな分野で活発な論争を巻き起こした『〈帝国〉』の内容を発展させつつ、現在の（アメリカ主導の）グローバル秩序とそこにおける戦争の常態化に反対し、それに代わるグローバル民主主義の可能性をマルチチュードという独自の哲学的‐政治学的概念に託して、開いてゆこうとする。以下では、この『マルチチュード』の内容を紹介しつつ、グローバル化の諸問題の克服の一つの方向性を確認する（以下、本章では特別の断りがない場合、引用はすべて『マルチチュード』からのものである）。

国民国家の衰退と〈帝国〉の生成

〈帝国〉（Empire）とは、現在のグローバル化のなかで進行しつつある国民国家の衰退の一方で生成した国際政治の現実のダイナミックな様態を表わすネグリ／ハート独自の概念装置である。かつての帝国主義における「帝国」が、強大かつ膨張的な政治的力（主権）を有し、他国をその力によって支配し、同化しようとするような特定の国民国家であったのに対して、ネグリらのいう〈帝国〉は特定の国家を意味しない。それは領土や境界を持たずに、ネットワークで世界を支配する新たなグローバルな主権形態なのである。

この〈帝国〉には中心がないとされる。それは、〈帝国〉つまり現代のグローバル化した世界においては、さまざまな力が織り成すネットワークのなかで、その諸要素間のダイナミックな相互作用によってそのつどの情勢が決定されており、そこには単独で何かを決定できるような特権的・超越的な権力主体など存在しないということである。

　ネグリらは、現在の世界は、政治的、経済的、社会的に危機にあると考えている。対イラク戦争に見られるようなアメリカの〔帝国主義的要素が大きい〕単独行動主義も〔グローバル市場主義を促進する〕新自由主義的《ネオリベラル》経済も失敗し、社会関係や社会的な絆の全般的な腐敗が生まれている。このような危機の状況において、新しい支配権力の形態としての〈帝国〉が姿を現わしてきているのだ。しかしネグリらは、こうした危機の時期にこそ変革や革命の可能性も存しているとして、マルチチュードに「対抗－〈帝国〉」とグローバル民主主義の可能性を託している。

マルチチュードの基盤としての〈共〉

　ネグリ／ハートは、「マルチチュード（multitude）」という概念を十七世紀の哲学者スピノザ（Baruch de Spinoza, 1632‐1677）から借りてきている。スピノザは「国家すなわち最高権力に属する権利は多数者《マルチチュード》＝民衆の力能（potentia multitudinis）によって決定される」（『政治論』）とした。そしてネグリらもグローバル化世界＝〈帝国〉の主人公としてマルチチュードを登場させる。

　ネグリらのマルチチュードは、人びとの「多様性を統一性へと縮減し、人々の集まりを単一の同一性とみなす」ことによって生まれる統一的な概念としての人民《ピープル》とは区別される。また、そのなかにいる個々人の差異がかき消され「均一で識別不可能な塊」となってしまう大衆《マス》とも区別される。さらに、断片化された各人が共通の要素を分かち合うという認識を欠き、外部からの操作を受けやすく根本的に受動的な「群集《クラウド》」とも区別される。

これに対してマルチチュードは、「異なる文化・人種・民族性・ジェンダー・性的指向性、異なる労働形態や労働形式、異なる世界観や欲望」など多岐にわたる無数の「特異な差異から成る多数多様体」である。グローバル化には、人びとの文化や価値感に均質化をもたらす側面がある。しかしネグリらによると、グローバル化には「国境や大陸を越えた新しい協働と協調の回路を創造し、無数の出会いを生み出す」というもう一つの側面もあり、そこには、各人が「違いはそのままで」、「互いにコミュニケートしたり一緒に行動したり」することのできる「共（同・通）性（commonality）」が見出される可能性もあるのだ。そしてマルチチュードこそ、このような出会いと協働を可能にする発展的で開かれたネットワークであり、そこでは、「特異＝固有性」は「〈共〉（the common）」によって減じられることなく、〈共〉のなかで自由に自己を表現する。よってマルチチュードは、個が統一性のなかに溶解してしまう（伝統的意味での）共同体《コミュニティ》でもない。それは、自律的・能動的で自己組織的な社会主体なのだ。この自己組織化は特異な者たちの協同作業を通じて行なわれる。つまりマルチチュードは、所与の存在ではなく協同的な社会的相互作用のなかで創られるのである。

ネグリ／ハートによると、マルチチュードは階級概念である。それは、「生産的な〈特異性〉の集まった階級」、「非物質的労働のオペレーターの階級」、「創造的な労働力の総体としての階級」などと表現される（『ネグリ　生政治的自伝』）。しかし、マルチチュードは開かれた拡張的概念であるから、排除に基づく限定的概念である（例えば貧者や不払いの家事労働者などを排除する）労働者階級とは区別されなければならない。

マルチチュードが「〈共〉的な労働主体、言い換えればポストモダン的生産の現実的な〈肉〉である」と言われるとき、そこには「非物質的労働」や「生政治的生産」というマルチチュード独特の生産活動が含意されている。ネグリらは、現在の世界では工業労働から非物質的労働へと質的な意味での主導権が移行しつつあると分析する。この非物質的労働は、「知識や情報、コミュニケーション、関係性、情緒的反応といった非物質的な生産物を創り出す労働」とされ、「知的・言語的労働」と「情動労働」（安心感や幸福感、満足、興奮、情熱といった情動を生み出したり操作したりする労働）の二形態に分けられる。非物質的労働は、〈共〉に基礎を置きつつも結果としてさらなる〈共〉を生み出す（〈共〉の拡大再生産）。これはコミュニケーションに基づいたネットワーク型の協働体制による労働が、社会関係や社会的生そのものを（究極的には新たな主体性を）生産し、それにともない新たな協働の自立的ネットワークが次々に創出されていくということを意味する。このようにして非物質的労働は、他の労働形態や社会そのものを自らの特性に即して〈共〉的に変容させつつある。そしてこの〈共〉の拡大こそが、マルチチュードのグローバル民主主義の可能性の根拠の一つとなるのである。

〈帝国〉に抗するマルチチュード

世界中で主導権を握りつつある非物質的労働においては、生産は経済的なものの枠を越えて、文化・社会・政治に直接関わり、現実的な社会関係や生の多様な形態を生み出すことになる。この点を強調するために、ネグリ／ハートは「生政治的生産」という概念を導入する。この生政治的生産においては、労働は賃金労働のみならず人間の全般的な創造能力を指すので、貧者や失業者や不完全就労者もそこに活発に関わっていることになる。

ネグリらは、今日、〈帝国〉の主権が及ぼす権力は人びとの生そのものを支配するようになっているとして、社会に超越的なこの権力を「生権力」と呼ぶ。これに対して生政治的生産は、社会に内在し〈共〉の拡大をもたらすことでマルチチュードの「構成的権力」（来るべき社会の制度を構成し維持する存在論的力能のこと）の基盤となり、〈帝国〉の生権力に対する抵抗の砦となる。例えば、〈帝国〉における資本は、マルチチュードの非物質的労働（生政治的生産）に対して搾取をするが、それは〈共〉の収奪つまり私有化＝民営化という形をとる。この場合、常に〈帝国〉による〈共〉の収奪を上回って（生政治的に）生産され続ける〈共〉の剰余こそが、〈帝国〉に対するマルチチュードの怒りや敵対性を現実の反乱へと転換する基盤となる。〈帝国〉の新自由主義《ネオリベラル》的な市場経済体制が進める公共財や公共サービスの民営化＝私有化によって、世界中で社会的な福利が壊滅的打撃を被っているいま、必要とされる経済の変革とは、国家による管理をともなう〈公〉への回帰ではなく〈共〉の回復または創造でなければならない、とネグリらは主張する。

〈帝国〉のグローバル・システムの不平等や不公正やその非民主的性格に対して世界中で起こっている無数の抗議行動の振動が互いに共振し合い、拡大して大きなマルチチュードの地震となる日の到来をネグリらは予想しつつ、現在の異議申し立てや要求には、（１）代表制の機能不全に対する批判、

（2）貧困に対する抗議、（3）戦争への反対という三つの共通点があるとして、それぞれに対する「グローバルな改革提言（実験）」を検討している。けれどもネグリらは、実際は、戦争に対する異議申し立てはすべての異議申し立てを凝縮したものになると言う。戦争はグローバルな貧困と不平等をいっそう深刻化し、その解決の可能性も奪ってしまうのだ。よって平和は人類共通の要求と課題となる。

しかし、常態化する戦争（＝〈帝国〉内での内戦）を支配の道具として利用しつつ、〈帝国〉は、自らの暴力を正当化し秩序を維持するために、敵と無秩序の脅威が恒常的に存在することを必要としている。こうして、「生政治的な戦場で行われるマルチチュードと〈帝国〉との格闘において、〈帝国〉がその正統化のために戦争という手段に訴えようとするとき、マルチチュードはその政治的基盤としての民主主義に訴える。この戦争に対抗する民主主義こそ「絶対的民主主義」にほかならない」のである。

2　グローバルな絶対的民主主義と愛国《パトリオティズム》／愛郷主義

グローバルな絶対的民主主義と政治的な愛の復活

スピノザの『政治論』によると、絶対統治とは「多数者《マルチチュード》＝民衆全体（integra multitudo）によって行われる統治」であるがゆえに「統治者と被統治者が完全に一致する」統治形態のことである。そしてスピノザは、完全な絶対統治は民主国家においてなされると考えた。
ネグリ／ハートは、スピノザの「完全な絶対統治」を参照しつつ、「全員による全員の統治」を意味する地球規模《グローバル》な「絶対的民主主義」を、マルチチュードの政治的プロジェクトとして掲げる。それは一切の制限なしで全員が統治するという意味で「絶対的」であり、一切の留保ないラディカルな自由と平等を各人が有するときにのみ可能であるとされる。

しかしこの「絶対的民主主義」は、従来の直接民主主義として考えられてきたものとは異なる。ネグリらによると、マルチチュードの構成的権力による地球規模《グローバル》な「絶対的民主主義」実現プロジェクトは、現われつつある生政治的生産形態が示唆する〈共〉的な制度的メカニズムを基礎に築きあげられなければならないが、「生政治的生産においては、社会的生産と同じ協働的コミュニケーション・ネットワークを使って社会関係を協同して創造し維持するという政治的作業を行うことが可能」になるため、直接民主主義が各人に要求するような煩瑣な会合や投票は必要がないのである。そこでは「経済的生産と政治的生産はひとつになり、生産の協働的ネットワークは新しい社会の制度的構造の枠組みを示唆するものとなる。私たち全員が生政治的生産を通じて社会を協働的に創造し維持するというこの民主主義こそ、私たちが「絶対的」民主主義と呼ぶものである」（傍点は筆者）。

このように、マルチチュードの生政治的生産が絶対的民主主義を可能にする。しかしそこには、スピノザ伝来の徹底した「内在」の思想が必要であった。ネグリらによると、自律的で自己組織的な社会主体としてのマルチチュードは、「単一の主権主体が社会の上に君臨するという超越的モデルとは対照的な、絶対的内在としての生政治的な社会組織」として姿を現わし、そこでは「あらゆる要素が同一平面で相互作用しあう。こうした内在的モデル……では、社会に存在するさまざまな要素は協働しながら自分たちで社会を組織化していく」のである。マルチチュードはこの内在的自己組織化の能力を有するからこそ、「全員による全員の統治」としての民主主義を実現できる唯一の社会的主体なのである。

ネグリらの分析によると、生政治的生産（非物質的労働）が主導権を握るに至った現在、マルチチュードが自律的潜勢力と社会形成力をますます蓄えているのに対し、〈帝国〉の主権はいっそうマルチチュードへの恒常的依存（被統治者としての同意だけでなくその社会的生産性への依存）を深めつつある。こういう状況で、主権というものはかつてないほど不安定で不必要になってきている。よって今こそ、マルチチュードが団結して〈帝国〉に異議を申し立てて抵抗し、自らの構成的権力によって新たな社会を創りだす好機なのである。

ネグリ／ハートは、この構成的権力を「生産的労働の存在論的・社会的プロセスから生じる決定」、「〈共〉的内容を発展させる制度形態」、「抑圧からの解放と自由になることという歴史的進展を擁護するための力の展開」などと定義したうえで、それは、つまりは「愛の行為」であると言っている。キリスト教とユダヤ教（そしてスピノザ）は、愛を「マルチチュードを作り上げる政治的行為」とみなした。愛は、まさに「人間同士の出会いの拡大や絶え間ない協働」が各人の喜びと力の増大をもたらすことを意味し、「〈共〉にもとづく政治的プロジェクトと新しい社会の建設の基盤」となるのである。

このように、マルチチュードの民主主義を実現するためには、近代以前に見られた「公共的で政治的な愛の概念」の回復が必要であると主張される。

ただしこの愛より前に、〈帝国〉に対するマルチチュードの怒りや真の民主主義への欲望が前提とされていたことを忘れてはならない。上述のように、生政治的生産によって生み出される〈共〉の剰余・拡大が怒りや敵対性を反乱の現実化へと移す基盤となる。しかし、怒りから生まれる抵抗や反乱だけでは何も新しいものを生み出すことはできない。ここに必要とされたのが構成的権力としての愛の行為であったのだ。それは（生政治的生産によって）、新しい政治的主体性＝新しい人類と新しい社会を創り出すという愛である。このような「激しい怒りと愛の世界」こそが、マルチチュードの構成的権力がよって立つ現実的基盤なのである。しかし、この「公共的で政治的な愛の概念」の強調は、次に見るように、ネグリらの「愛国／愛郷主義」に対する独自のポジションに繋がっている。

国家なき者たちの愛国・愛郷主義（patriotism）へ

ネグリ／ハートの分析によると、ポスト近代《モダン》社会において起こっている伝統的な社会組織の崩壊と断片化した個人主義社会の脅威に直面し、（例えばアメリカでは）過去の社会編成へのノスタルジーを喚起するという、家族や教会、祖国などを拠り所とした復古論的論調が登場しているが、それは9・11テロ以降に特に大きくなった愛国《パトリオティズム》心に訴えかける論調とも呼応する。そこでは祖国への愛（love of country）は、国外の敵を打ち負かす力になるだけでなく、社会内部の無規範《アノミー》状態や人びとの断片化を阻止する役割を担わされている。

そのような論調の主唱者たちにとっての最終目的とは、統一的な社会体の再建と「人民《ピープル》」の再生である。よって彼ら／彼女たちは、例えば反グローバリゼーションのデモなどに現われる人民に似て非なるもの（マルチチュード）を理解不能で恐ろしい「怪物《モンスター》」としか見ることができない。しかしネグリらは、これらのノスタルジーは「敗北の証にすぎず、排すべきもの」であり、われわれは「ポストモダニスト」として、「人民でも、国家でも、共同体でさえもない」マルチチュードの出現を直視しなければならないと言う。

一方、ネグリらは、他国の兵士を寄せ集めた実質的な同盟軍として戦う場合も多く、民間の軍事請負業者への依存度も強まっており、最貧困層出身者や市民権を得たばかりの兵士が不釣合いなほど多い現在の米軍においては（他のあらゆる軍隊と同様）、「傭兵」的要素がきわめて増大していると分析する。このことに対してネグリらは、マキアヴェッリの戦争論と現実の歴史が語っているのは、「傭兵で構成される軍隊は、公共倫理を破壊し、がむしゃらに力を求める熱情を爆発させるという意味において、腐敗した軍隊」であり、これが政治秩序全体の腐敗を招き、国を滅ぼすということであるとして、警鐘を鳴らしている（そしてネグリらは9・11テロをかつての傭兵の反乱だとする見方を肯定している）。

しかし、ネグリらは、われわれの未来への道は、この腐敗への道のほかにもう一つあると言う。それはナショナリズム（これは人びとをそのさまざまな特異＝固有性を捨象してひとくくりに均質な国民として表象・創出することによって成立するものであるから、マルチチュードの概念とは当然相容れない）とは区別された祖国／郷土愛（*amor patriae*）の再生である。ネグリらは、歴史家カントロヴィッチ（Ernst Hartwig Kantrowicz, 1895-1963）による「祖国のために死ぬこと」という概念の分析を参照しながらこう論じている。つまり、この概念の起源がある中世とルネサンス期においては、祖国／郷土愛は国家というものには一切関係なかった。祖国／郷土愛の背後にあるのは「ナショナリズムではなく共和主義的な同胞愛（*caritas*）・共感にもとづく同胞感情や仲間意識であり、これはありとあらゆる国家を超えた人類愛へと形を変える」のである。よって、ナショナリズムや国家主義的軍国主義の賛美は、逆にこの祖国／郷土愛の伝統を歪めるものである。ネグリらは、この「人類愛へと開かれた祖国／郷土愛」の実現によって、あらゆる傭兵と彼らに私物化された祖国／郷土愛に対抗しつつ、〈帝国〉の権力に抗するマルチチュードの共同戦線の構築を行なうべきだと主張する。ネグリらによるとこれこそが「本当の愛国／愛郷主義（patriotism）」、「国家を持たない者たちの愛国／愛郷主義」なのである。

3　結びに代えて

以上のようなネグリ／ハートの政治哲学に対しては、国家や地域の役割を軽視しすぎであるとか絶対的民主主義には全体主義に陥落する潜在的危険性があるなどの批判もあるが、誤解に基づく批判も少なくない。次章との関連では、前著『〈帝国〉』にはジェンダーの視点が欠落しており、マルチチュードのなかに女性運動が意義づけられていないというフェミニズムからの批判もある（大越愛子『フェミニズムと国家暴力』世界書院、二〇〇四年）。しかし本章で考察した『マルチチュード』においては、フェミニストが目指すのは、差異のない世界ではなくジェンダーが問題にならない世界であり、それは「差異の自由な表明にもとづく解放のプロセス」であるが、「これこそマルチチュードの核心にある特異性と〈共〉性という考え方にほかならない」というようにフェミニズムとの共通性の強調や女性運動への高い評価も随所にみられるのも事実だ。

〔参考文献〕

姜尚中『愛国の作法』〈朝日新書〉（朝日新聞社、二〇〇六年）

E・カントロヴィッチ、甚野尚志訳『祖国のために死ぬこと』（みすず書房、一九九三年）

A・ネグリ、杉村昌昭訳『ネグリ 生政治的自伝──帰還』（作品社、二〇〇三年）

A・ネグリ／M・ハート、水嶋一憲・酒井隆史・浜邦彦・吉田俊美訳『〈帝国〉──グローバル化の世界秩序とマルチチュードの可能性』（以文社、二〇〇三年）

A・ネグリ／M・ハート、幾島幸子訳、水嶋一憲・市田良彦監修『マルチチュード──〈帝国〉時代の戦争と民主主義』（上・下）〈NHKブックス〉（日本放送出版協会、二〇〇五年）

第8章　「平等」あるいはフェミニズムの試練

1　フェミニズムが求めるのは「平等」か「差異」か

フェミニズム（feminism）の歴史と「平等」

女性の自由と平等を求める思想（女性解放思想）とその運動であるフェミニズムは、フランス革命期のヨーロッパで誕生し、その後十九世紀から二十世紀前半まで、リベラル・フェミニズムによる婦人参政権運動と（その批判としての）社会主義婦人解放論のなかで発展していった。この時期は「第一波フェミニズム」と呼ばれ、制度や体制を変更することで「男女の平等」が実現され、それが女性解放につながると素朴に考えられていた。

一九六〇年代後半のアメリカで登場したラディカル・フェミニズムは、第一波フェミニズムの思想やその背景にある近代的人間観そのものに潜む男性中心的価値観をあぶりだして批判した。「個人的なことは政治的である」というスローガンを掲げるラディカル・フェミニズムは、「政治的・経済的不平等だけでなく、男女間のセクシャルな関係にも遍在する支配－服従の権力関係そのものを覆さなければならない」と主張した。このラディカル・フェミニズムから「第二波フェミニズム」と呼ばれる六〇年代末以降の世界規模の多様なフェミニズムの展開が生まれた（第三波フェミニズムの時代が到来したか否かについては諸説ある）。「第一波フェミニズム」が制度的な権利獲得を主眼に置いたのに対し、「第二波フェミニズム」は制度を支える（男性中心的）価値観そのものを問題化し、「性別役割分担の廃絶や生と生殖における社会意識の変革など、男女の社会的・実質的平等の確立」を強調した。七〇年代には、この第二波フェミニズムのなかで、ジェンダーとセックスの違いが主張されるようになった。「セックス」が生物学的な性差を意味するのに対して、「ジェンダー（gender）」は「社会的・文化的に構築された性差」いわゆる「男らしさ／女らしさ」を意味する。それは「構築された＝作り出された」ものだから社会的に変更することができるという主張で、後のフェミニズムに決定的な影響を与えた（しかし九〇年代に入ると、「セックス」でさえ文化的・言語的構築物にすぎないとするJ・バトラー（Judith Butler, 1956-　）の構築主義の立場が登場した）。

ラディカル・フェミニズム以降のフェミニズムは実に多様で、さまざまな主張を持った複数のフェミニズムが存在しており、ひとくくりに「フェミニズム」を論じることには慎重にならなければならない。この点に留意しつつ、以下では「平等」や「差異」といったフェミニズムの鍵概念を軸にして、フェミニズムの多様な主張の一部を概観することで、グローバル化した世界における「平等」の問題を考える一助にしたい。

フェミニズムの二つの流れ

フェミニズムはまずもって男女の平等を目標とするものであるが、目標実現のための戦略の違いによって、「男なみ」の平等の獲得を最重要課題とし、両性の同質性を強調する「平等」志向のフェミニズムと、女らしさ、母性などの男性にはない女性の特質（本質）、異質性を賞揚する「差異」志向のフェミニズム（本質主義的立場）の二つの流れがある。

吉澤夏子の『フェミニズムの困難』によれば、近代の平等の理念に立脚したフェミニズムが、このような二つの流れに分裂するのは、フェミニズムが近代という社会の構成に深く結びついて成立していることの必然的結果である。この近代社会の構成にまつわる問題とは、近代社会が孕む「平等性の困難」もしくは「平等というパラドックス」というものである。吉澤によると、近代社会では、平等という理念は原規範（究極的な規範）となっている。しかしこの規範が機能するには、人間（的）であること／人間（的）ではないこと、という区別（差異）に依存せざるをえない。人間はみな平等という理念が実は、人間（的）であること／人間（的）ではないことを区別するという（暗黙の）操作を前提にして初めて成立するという矛盾がここにはある。そしてこれは近代社会の構成そのものが、その根底の部分で、基本的な差異（差別）を必要としているという事実を示している。そして近代社会の成立過程では、「人間（的）であること」と「男であること」が直観的に等置されてしまった。つまり近代社会は、人びとのなかにあるさまざまな差異のうち、性的差異を、最も基本的な（原初的な）対立として暗黙裡に強調することで自らの同一性を獲得したということになる。こうして、近代社会はその基本的な論理からして必然的に性的差異（性差別）を前提とし、そのうえに成立することになった、と吉澤は論じる。

吉澤によると、このような近代社会の構成に内在する矛盾を、自身が近代の思想であるフェミニズムはそのまま引き受けた。近代社会は平等という理念を原規範として採用している以上、明示的（意識的）レベルでは、あらゆる差異を攻撃し消去しようとしながら、潜在的なレベルでは、逆に何らかの差異を強烈に求め支持し生み出すという両極端の矛盾した衝動をその成立の当初から抱え込んでいた。近代社会が持つに至ったこの基本的な論理はフェミニズムのなかで、平等志向と差異志向という二つの流れに受け継がれたのである。

吉澤は、平等志向と差異志向というこの二つの流れが、八〇年代までの第二波フェミニズムの四つの代表的理論にも受け継がれて、二つの潮流の厳しい対立を生んでいると言う。具体的には、ラディカル・フェミニズム、エコロジカル・フェミニズム、ポストモダン・フェミニズムの三つが何らかの意味で差異志向であり、マルクス主義フェミニズムは平等志向である。この分類の仕方は大筋では有効であるが、これら各々を主張するフェミニストたちの思想はもっと複雑である。このことを念頭に置き——むしろそれを証明すべく、平等志向と差異志向のフェミニズムの対立の具体例を「エコフェミ論争」を通して見てみよう。

エコフェミ論争における「差異」と「平等」

一九七〇年代半ばに誕生した「エコロジカル・フェミニズム」（エコフェミニズム）は、世界各地で起きた環境運動（多くの場合その中心は女性たちであった）を背景にアメリカなどで八〇年代に発展した。エコフェミニズムは、女性、自然、植民地（発展途上国）への支配・抑圧・搾取の根源が、共通して、西洋近代の男性中心主義的な支配の論理（家父長制）とそれに支えられた（資本主義的）産業化にあることを告発し、エコロジーにはフェミニズムの観点が不可欠であると主張した。多様なエコフェミニズムが存在するが、大きくは、「文化派《カルチュラル》エコフェミニズム」と「社会派《ソーシャル》エコフェミニズム」の二つに分類できる（以下、江原由美子・金井淑子編『フェミニズム』新曜社、一九九七年の第十三章を参照）。

文化派《カルチュラル》エコフェミニズムは、男性中心主義的な文化や近代科学によって破壊された自然環境を、自然に親和的な女性文化の力で回復（救済）することを目指す。その際、女性に特有の精神性や霊性が強調される。女性原理派エコフェミニズムとも言われ、女性と自然の「本質主義」的な親和性を強調する場合が多い（前述の「差異」志向に該当）。

これに対して社会派《ソーシャル》エコフェミニズムは、社会主義的なエコロジー思想やアナーキズム的なエコロジー思想を背景にもち、社会的・政治的な実践活動をより重視する。そして文化派《カルチュラル》エコフェミニズムの宗教性や前近代志向および女性と自然を無媒介に結びつける本質主義を批判する（フェミニズムにおいて性差についての本質主義が批判されるのは、それがジェンダーや性別役割の固定化につながり、結果的に女性差別を助長するからである）。ただし本質主義的でない仕方での女性と自然の親和性を主張する論者もいる（前述の「平等」志向に近い）。

一九八〇年代半ばに、日本におけるエコフェミニズムの第一人者である青木やよひとマルクス主義フェミニズムの上野千鶴子の間で論争が起こった（いわゆる「エコフェミ論争」）。

青木やよひによると、これまでのフェミニズムは近代主義の枠内にとどまっているが、「男性原理」に支配された近代の文化・文明こそが自然環境の汚染や破壊、人間への支配や抑圧そして女性差別を生み出したのであるから、自然と融和的な「女性原理」の復権と文明化によって疎外された女性（原理）的でエコロジカルな身体性の復権によって近代の文化・文明と産業主義を転換することこそが必要である。女性が自らの女性性（女性原理）を無視し、現状の社会的枠組みのなかで男なみの平等を求めるだけならば、それは単に「近代社会の欺瞞を上塗りし、産業社会の矛盾を増幅すること」になりかねない。よって女性性（女性原理）の探求とは、決してフェミニズムに逆行するものではなく、「産むものと働くものに分裂させられた女の性のアイデンティティの統合」を求めるものである、と青木は主張した（青木やよひ編『フェミニズムの宇宙』新評論、一九八三年と、青木やよひ『フェミニズムとエコロジー』（増補新版）新評論、一九九四年を参照）。

これに対して上野千鶴子が、青木のエコフェミニズムの「性差最大化論者《マキシマイザー》」的な傾向（本質主義的な性差保存）や反近代主義的エコロジー志向などを批判して始まったのが「エコフェミ論争」である。上野は、自然への回帰や身体の復権（＝エコロジズム）に女性解放を矮小化する青木のような女性原理派エコフェミニズムは、男性文化が女性原理に配当した分類原理を受け取ったうえで、男性（優位）文化の構図（文化＝男／自然＝女）の中でそれを相反補足的に補完するにとどまってしまうと厳しく批判した（上野千鶴子『女は世界を救えるか』勁草書房、一九八六年）。

この論争は、先に見た平等志向の潮流に位置づけられるマルクス主義フェミニズムの上野が、差異志向の潮流に位置づけられる文化派《カルチュラル》エコフェミニズムの青木を批判しているという構図に見えるが、真相はそう単純ではない。まず青木は、女性性や男性性を生物学的決定論（本質主義）によって固定的に捉えてはいない。女性原理も男性原理も文化概念と捉え、女性原理は男女ともに分け持ちうるものであり、性別問わずすべての人間がそれぞれ男性原理と女性原理をバランスよく兼ね備えることが重要であると主張したのだ（この点では、青木はむしろ本質主義的でない女性原理を掲げる一部の社会派《ソーシャル》エコフェミニストに近い）。また上野も、基本的にはマルクス主義フェミニズムの立場に立ちながらも、（差異志向の）ポストモダン・フェミニズムをも吸収しており単純な平等志向とは言えない。実際、両者の共通点が指摘されもした。この論争に限らず、現実のフェミニズムとは、平等志向と差異志向の二大潮流を両極においた「諸潮流の複雑な絡まりあい」（吉澤、前掲書）の様相を呈している。

結局このエコフェミ論争は、環境運動の現場の女性たちとは離れた所での「フェミニズムの潮流同士の論争」になった。その結果、フェミニストたちのエコフェミニズムへの警戒心を助長し、環境問題への積極的アプローチが閉ざされ、この分野の研究・実践は海外に遅れをとることになったのである。

2　グローバル化とフェミニズムの立場

ナショナリズムとフェミニズム

上野千鶴子によると、歴史的に見れば、フェミニズムは女性の集団的利益獲得のためにナショナリズムとも社会主義とも共闘してきたが、論理内在的には決してナショナリズムとは両立しない。近代国民国家のジェンダー中立性は見せかけにすぎず、国民とは当初から本来的に男性として定義され、女性は排除されていた。それを隠蔽しつつ女性たちにも国家への包括的帰属と男性国民との「共有された運命」を強制するナショナリズムは、女性にとって抑圧的に働く。こうして近代国民国家の枠のなかでは男女平等（女性の解放）は原理的に不可能であるわけだから、フェミニズムには国家を超えなければならない根拠があると、上野は主張する（『ナショナリズムとジェンダー』および江原由美子・山崎敬一編『ジェンダーと社会理論』（有斐閣、二〇〇六年）所収の上野論文を参照）。

大越愛子の『フェミニズムと国家暴力』によると、現在、フェミニズムは両極に分裂し重大な岐路に直面している。その両極とは、「一国主義的軍事主義に加担し、フェミニズムもまたナショナリズムに回収」されることを認める「帝国のフェミニズム」と、「一国主義の枠組みを超えた国際的なネットワークの中」でジェンダー・ジャスティスを提起する「トランスナショナル・フェミニズム」である。このトランスナショナル（国家横断的）な連帯は、「諸国家から超然とした抽象的な」ものではなく、「現実に世界を分割支配している国家システム」が人びとを同化か排除に「強制する力に抗する闘いを通して生成する」と大越は主張する（第７章のマルチチュードの箇所を参照）。

大越の言うトランスナショナル・フェミニズムとは、男性中心的な「帝国」とその内部に安住し暴力的体制を補強さえする「帝国のフェミニズム」の二元システムの解体を目指すものである。それは、フェミニズムが「一国主義にとどまり、国家の軍事体制、植民地主義体制に加担」してきた自らの歴史を直視し、内部批判を行ないながら、その限界の突破を目指すということであるが、そのような自己反省は従軍慰安婦の生還者《サバイバー》やポストコロニアル・フェミニズムなど帝国の外部からの鋭く厳しい告発に促されて開始されているとされる（この意味で次に見る女性国際戦犯法廷はトランスナショナル・フェミニズムの実践であったと大越は考える）。

このようなナショナリズムの問題に関連して女性の戦争参加の問題がある。例えば米国最大のフェミニスト団体ＮＯＷ（全米女性機構）は、湾岸戦争（一九九一年）時に、女性が戦闘に男なみに「平等」に参加する権利を要求した。一方、女性が対抗暴力の担い手になることの是非にも議論がある。ここにもフェミニズムにおける「平等性の困難」が見られる。

グローバル・フェミニズムとその問題点

経済・政治・文化の局面で進行しているグローバル化は、ジェンダーの秩序・体制にも大きな影響を与えている（例えば「女性の労働力化」や「貧困の女性化」）。そこで登場したのがグローバル・フェミニズムである。グローバル・フェミニズムとは、女性への（国家横断的な）抑圧や搾取や差別を、国民国家の枠組みを超えたグローバルな視点から問題にし、国際的な協力によってその解決を目指そうという試みであり、すでに一九七〇年代後半から八〇年代に見られたが九〇年代に入り活発化している（グローバル・フェミニズムの西洋中心的普遍主義を批判して「トランスナショナル・フェミニズム」を唱える論者もいる）。

そのようなフェミニストたちのグローバルな取り組みを、①女性国際戦犯法廷と②環境と開発をめぐる女性たちの国際的取り組みの二つだけ挙げてみる。①は従軍慰安婦問題を日本軍による性奴隷制であり人道に対する罪として告発したNGOによる民衆法廷で、二〇〇〇年に東京で開催され翌年ハーグで判決をだした。②としては、「開発と女性（WID）」（七〇年代）とそれが発展した「ジェンダーと開発（GAD）」（八〇年代以降）というアプローチで、途上国への開発援助・国際協力を女性の視点（WID）やジェンダー平等の視点（GAD）から問い直す議論がなされた。その流れのなかにある一九九一年の「健康な地球のための世界女性会議」（マイアミ会議）での問題提起を受けて、翌年の国連環境開発会議（地球サミット）で採択されたアジェンダ21の第二十四章に、環境問題における女性の貢献と役割および男女平等が取り入れられるという成果を上げた。

このような取り組みの一定の実践的成果にもかかわらず、グローバル・フェミニズムが欧米中心の植民地主義に陥る危険性も指摘されている。例えば、一九七〇年代後半から八〇年代の「初期のグローバル・フェミニズム」モデルの「女性は共通した抑圧を普遍的に体験している」という前提が、第三世界のフェミニストたちから批判されたのは、そこでは、第一世界のフェミニストが「人種や国籍や民族や階級による抑圧を無視しうる」特権的立場から、その怒りを「性的／ジェンダー的抑圧」に集中させ、第三世界の女性にとっては不可避的な国や人種や民族（や社会階級や文化や宗教）という要素やそれらがいかにジェンダーと結合しているかの分析を欠いているからであった（堀田碧「「第三世界」女性表象をめぐる一考察――グローバリゼーションとフェミニズムの可能性」伊豫谷登士翁編『経済のグローバリゼーションとジェンダー』〈叢書　現代の経済・社会とジェンダー　第五巻〉明石書店、二〇〇一年）。

またポストコロニアル・フェミニズムの立場からG・C・スピヴァク（Gayatri Chakravorty Spivak, 1942-　）は、「ジェンダーと開発」（ＧＡＤ）以降でさえ、開発という名のグローバル金融化の利益のために活動する「国連型の普遍主義的フェミニズムが、女性の集団性を偽装」し、貧しき者の必要を貪欲な者の利益のために用いる共犯関係にあり、そこで活躍するエリート女性の「会議文化を巡回する主体」は、〈南〉の女性たちの声を聞き逃し、抑圧していると言う（Ｇ・Ｃ・スピヴァク『ポストコロニアル理性批判』月曜社、二〇〇三年）。

3　「平等」とフェミニズムの試練

七〇年代以降のフェミニズムの展開の中で、女という同一性概念自体が抑圧し排除してきたさまざまな差異（人種や階級のみならず性的指向性や障害まで）が浮上してきた。そして八〇年代後半以降、フェミニズムは自己批評的・自己解体的になり、自らの根拠としての「女という同一性」を解体してきたとも言われる。もはや女性一般の平等や解放など安易に語れないところにきている。また現在では、法・制度面ではフェミニズムの要求はある程度満たされたのでフェミニズムは使命を終えたとする「ポストフェミニズム」の主張がある一方、行きすぎた男女平等主義（ジェンダーフリー教育）が教育現場に混乱をもたらしているというような主張に見られる、フェミニズムに対する「バックラッシュ」（反発・反動）も起こっている。こうした状況を踏まえ、フェミニズムは「試練」に立たされているという声もある。しかし、常に自らの内部の矛盾に厳しく目を向け内外の論争を経て発展してきたフェミニズムであるから、この「試練」も糧として次の段階へと進んでいくに違いない。

〔参考文献〕

青木やよひ編『フェミニズムの宇宙』〈プラグを抜く３〉（新評論、一九八三年）

青木やよひ『フェミニズムとエコロジー』（増補新版）（新評論、一九九四年）

上野千鶴子『女は世界を救えるか』(勁草書房、一九八六年)
上野千鶴子『ナショナリズムとジェンダー』(青土社、一九九八年)
江原由美子・金井淑子編『フェミニズム』(新曜社、一九九七年)
江原由美子・山崎敬一編『ジェンダーと社会理論』(有斐閣、二〇〇六年)
大越愛子『フェミニズムと国家暴力――トランスナショナルな地平を拓く』(世界書院、二〇〇四年)
ブライドッチほか、壽福眞美監訳『グローバル・フェミニズム――女性・環境・持続可能な開発』(青木書店、一九九九年)
堀田碧「「第三世界」女性表象をめぐる一考察――グローバリゼーションとフェミニズムの可能性」伊豫谷登士翁編『経済のグローバリゼーションとジェンダー』〈叢書現代の経済・社会とジェンダー 第五巻〉(明石書店、二〇〇一年)
吉澤夏子『フェミニズムの困難――どういう社会が平等な社会か』(勁草書房、一九九三年)

第Ⅴ部

言説の威力と無言の暴力

第9章　大衆の沈黙とメディアの饒舌

1　「メディア社会」の到来

メディア環境の変化

二十世紀において「メディア」と言えば、多くの人が、テレビやラジオ、新聞に雑誌といった「マスメディア」を思い浮かべたことだろう。言葉や映像などのコンテンツを瞬時に広範に発信できるのは、テレビ局や新聞社、出版社などマスコミ側に限られており、われわれはそれらをただ受け取るしかなかったのである。

しかし二十世紀末に携帯電話やインターネットが普及しだしてから、状況が徐々に変わり始めたように思われる。もっとも、マルチメディア化が進む現在において、マスコミ側からは相変わらず大量のコンテンツが流され続けている。この事実は変わらない。けれども、いまやわれわれ自身も、広範囲にわたって瞬時に言葉や映像などを送ることが可能になっている。たとえば携帯電話やパソコンでのメール、ネット上での掲示板やブログ（Web-logの略で、日記形式のサイトのこと）、ＳＮＳ（ソーシャル・ネットワーキング・サービスといい、ミクシィがその代表）などを思い浮かべればよいだろう。つまり、メディアがただ受信するためだけではなく、能動的に発信するためにも使われるようになった「メディア社会」をわれわれは生き始めようとしているわけだ。

本章の問題意識

マスメディア、マルチメディア、活字メディア、電子メディア、メディアリテラシー……、このようにメディア（media）という言葉は普段からよく耳目に触れるけれど、ではその意味はどういうものだろうか。辞書的に定義しておくと、この言葉は「中間」「媒介」を意味するラテン語 medium の複数形である。したがって、人と人との間で流通する言語や貨幣もメディアであるし、また親から子へと伝えられる遺伝子もメディアの一種にほかならない。メディアが、このように送り手と受け手との間を媒介するものである以上、そこには媒介されるその当のもの、すなわち（なんらかの）「情報」が欠かせないはずである。言語であれば「意味」が、貨幣であれば「価値」が、遺伝子であれば「遺伝情報」がそれにあたることだろう。そうすると、メディアとはさしあたり、「情報」を伝達する媒体であると言えそうだ。

さて、二十世紀前半において、このメディアを最大限有効に活用し、ドイツ国民の圧倒的な支持を取りつけたのがヒトラー率いるナチス・ドイツであったことは、今でも記憶に留めておいてしかるべき事柄であるだろう。メディアにうまく乗った言葉や語り口、論理といったものが、想像以上の威力と暴力とをもたらすことにつながりうるということを、人類はすでにいやというほど知ったはずである。では、この経験を見据えたうえで、われわれがその新たな担い手となった、携帯電話やパソコン、インターネットに代表される「ニューメディア」（これに対して、テレビや新聞などのマスメディアは「オールドメディア」とも呼ばれる）と、われわれ人間との関わりを眺めたときに見えてくる二十一世紀的な課題というものはないだろうか。——これが本章の問題意識である（なお、電話はわれわれがその担い手となってすでに久しいメディアであるから、本章での考察からは除外する。したがって、以下において携帯電話で着目するのはそのメール、インターネット機能に限られる）。

2　メディア上で流通する言葉の特徴

縮減される言葉

たとえばテレビを通してわれわれが受け取っている言葉と、日頃われわれがもちいている言葉の違いとは何だろうか。音声に即して考えてみると、後者には「あのー」とか「うーん」「えーっと」といった、それ自体では「言葉」としてあまり意味をなさない語彙が付着していたり、言い間違えや繰り返し、沈黙といった要素が満ち満ちているのに対して、前者ではそのような「ノイズ」がなるべく削減されている点を指摘できるだろう。つまり、テレビ側から送られてくる言葉は、台本や原稿に沿った言葉であることが求められ、そこから逸脱した場合には「ＮＧ」とされてしまうわけである。

以上のことは、新聞や雑誌といった活字メディアにおいても変わらない。インタビューや対談であれば、話者の沈黙や言い間違えなどは極力カットされ、加筆・訂正の手が入り、取材記事は筋の通ったかたちへと再構成される。こうして余分な箇所を削ぎ落としたうえで、それらはわれわれのもとへ届けられるのを常としている。

ここからわかるのは、マスメディアを通じて流通する言葉は、「情報」として意味をなすものとして、総じて縮減される傾向にあるということである。これは先に見たメディアの定義からして、当然のこととも言えるだろう。

メディアリテラシーの必要性

そして、こういったマスメディア側による編集の手が、言葉だけでなく内容にまで及んでしまった場合に起きるのが、たとえば「納豆ダイエット」といった番組テーマに沿うようになされたデータやコメントの改ざんであったり、事実の捏造、「やらせ」と呼ばれる行為であったりするわけだ。また、そこまでいかなくても、複雑な内容をわかりやすく（それは得てして単純化するということになりがちなのだけれども）するための構成上の工夫としての「演出」（たとえばテロップやナレーションを入れるなど）は頻繁に行なわれている。したがって、視聴者側にはマスメディアの伝える内容をそのまま鵜呑みにするのではなく、それを的確に読み解く能力としてのメディアリテラシーが必要とされる――こうも主張されてきたわけである。

ニューメディアも言葉を簡略化するか

では、以上オールドメディアに即して見てきた言葉の特徴は、われわれがニューメディアを用いて発信／受信している言葉にも同様にあてはまるのだろうか。たとえば、ブログの世界ではあまり長い文章は好まれないという雰囲気があるそうだし、Eメールにおいても用件を箇条書きにしたものが適切な文面として推奨されている。携帯電話のメールにいたってはひとつのメールでワンフレーズということも珍しくないし、絵文字や記号で言葉の代わりをさせることも頻繁に行なわれている。おそらく「即レス」が礼儀とされるケータイメールにおいては、とにもかくにも「つながっている」ことの確認が大事なのであって、内容そのものはあまり重視されていないのかもしれない。その意味で、「パソコンを使う理由は大量の情報を処理するためですが、大量の情報をスピーディーに流通させるためには、どうしても言葉を簡略化せざるをえない」（毎日新聞二〇〇七年三月四日朝刊）という作家の高村薫の言葉は、ケータイメールにおいてとりわけ顕著であるとも言えるだろう。もっとも、この言葉に対してはすぐに反論が聞こえてくるかもしれない。たとえば、気軽に自分の考えや思いを文章にして発信できる環境の整備は、人びとの表現欲求を高め、ひいては文章力を高めもするのではないか、と。じっさい、掲示板やブログで綴られた文章が書籍化されヒットした『電車男』や『実録鬼嫁日記』は記憶に新しいし、「ケータイ発」を売りにした小説も出始めている。

3　モバイル化時代のコミュニケーションの姿

言葉と政治の関係

ニューメディアの使用がわれわれの言葉や表現力をどう変えていくのかという問いについては、現時点で確たる考えを述べることはできそうにもない。ただし、いままで見てきた「マスメディア」と「言葉」の関係を、ここでいちど「政治」の分野にひきつけておくことで、次の点のみ早急に確認しておくことはできるだろう。

政治学者の宮田光雄は、「ナチズムに典型的にあらわれる《言葉》や《語り口》が連想される」ものの例として、「簡潔で《断定的》な語法によって細かい議論を拒絶したり、「悪の枢軸」との対決といった《単純化》した論理で、あれかこれかの《二者択一》を迫ってみたりする、内外の政治家たちの言動」を挙げている（宮田、ii頁）。宮田がこの文章を記した二〇〇二年のその二年後に、われわれはまさに「郵政民営化に賛成か反対か」という二者択一を国民に迫った宰相を目にしたし、またそのときのマスメディアの異様な盛り上がりをも体感した。そしてその盛り上がりには、掲示板やブログへの書き込みなどを通じて、われわれ自身もが関与していたのではなかったか。われわれ一人ひとりがメディアの主要な担い手となりつつある今世紀において、メディアの語法の批判は、前世紀のようにマスメディア側にのみ向けられるものではもはやありえないはずである。では、ニューメディアの使用は、われわれ人間（大衆）と言葉との関係をどのように変えようとしつつあるのだろうか。以下では、われわれがニューメディアを通じて日々行なうようになってきているコミュニケーションの特徴を振り返ってみることで、この問いについて考える手がかりを得てみたい。

コミュニケーションのモバイル化

さて、パソコンや携帯電話、インターネットといったニューメディアが画期的だったのは、それらが目の前にいない人びととの情報伝達を可能にした点であろう（もちろん、その先駆であり現在も代表であるのは電話である）。相手がその情報（たとえばメール）を受け取れる状態になっていようがいまいがに関係なく、こちらの都合のよいときに、瞬時に遠方にまで送ることをそれらは可能にしたわけである。パソコンが持ち運びできるようになった現在では、移動中においてもＥメールを受信／送信することができるようになった。ジョージ・マイアソン（George Myerson, 1957-　）は現在のこのような状況を受けて、「グローバル化」に取って代わる言葉として「モバイル化」という語を提示したうえで、モバイル化によって、「今や「すべての人間」は真に「相手となりうる」のであり、（中略）すべての人間ひとりひとりと「コミュニケーションをとる」ことができるようだ」（マイアソン、一九頁）

と述べている。同じことを、たとえば梅田望夫であれば、「ネットの向こう側にとんでもない広がりがある」と述べることになる（梅田・平野、四一頁）。

コミュニケーションの過剰がもたらす逆説

しかし、これは当然いつなんどきにおいても、（不特定多数の）相手からこちらに情報が送られてくるということと同義でもあるはずだ。マイアソンは、モバイル型のコミュニケーションとは、「情報の交換」が「データ処理のひとつとされるようになる」ものだと指摘したうえで次のように述べている——「メッセージが「一時間に三〇本」の社会では、成功が目的である。欲しいものを確実にできるだけ速く手に入れるために、言うことはできるだけ少なくすませる」（マイアソン、四九、五四頁）。「言うことはできるだけ少なくすませる」というこの言葉は、さきに高村薫が述べていた「簡略化」という語と同等のものであるといってもよいだろう。そして、ここでの「コミュニケーション」が、いわゆる仕事上なされるもの、すなわち〈手段〉として行なわれるものであるならば、このこと自体は肯定的に捉えてしかるべき事柄であるのかもしれない。じっさい、コミュニケーションのモバイル化は、われわれが日々の用件を済ますうえで大きな貢献を果たしている。しかし、コミュニケーションにはそのような〈手段〉に尽きない側面、つまりはコミュニケーションそれ自体が〈目的〉となっている側面もあるのではないか。そして、その後者の場合においては、（簡略化された）情報／メッセージの過度の増大とその手っ取り早い処理は、ある逆説をもたらすことにつながるようにも思われる。すなわち、「多すぎる選択肢が選択行為そのものを困難にするように、コミュニケーションの過剰はコミュニケーションそのものを空洞化させる」という逆説を。たとえば、メディア史を専攻する佐藤卓己は、この逆説を次のような事例を用いて描き出している。――「一七世紀のアメリカ・ニューイングランドの清教徒は日曜日ごと教会に出かけ生涯に三〇〇〇回の説教を聴いた。牧師の言葉は胸に染み込んだにちがいない。マス・メディアに取り囲まれた現代の平均的なアメリカ人は生涯に七〇〇万回以上のテレビCMを含む説得コミュニケーションを浴びている。一七世紀の二〇〇〇倍以上というメッセージの洪水の中で、一つ一つの言葉をまじめに受け止めるゆとりはないのである。それに対して、日曜日の説教で聴いた生と死の意味を気にかける十分な余裕を清教徒たちは持っていた。（中略）コミュニケーションの過剰は、意味を貧しくし、大切なことを忘却させるのである」（佐藤、一五九―一六〇頁）。

佐藤がここで示しているのは、マスメディア（オールドメディア）を介したコミュニケーションの過剰がもたらす逆説であったが、これはニューメディアにおいても同様に当てはまることだろうか。たとえば最近では「ケータイ依存」と呼ばれる人びとが増えていると聞くけれども、こういった人びとは一日に百通近くものメールの送受信を行なっているらしい。まさにメールを過剰にすればするほど、一つあたりのメールは手短に処理せざるをえなくなり、また相手に対しても、メールの内容ではなく返信そのものを渇望し、結果、携帯電話から一時《いっとき》も目が離せなくなってしまうという逆説が生じるように思われる。

メディアコミュニケーションでは伝わらないもの

ところで、マイアソンはある箇所で、「メッセージをコミュニケーションの主流に位置づけてしまうと、人間の表現がもつ可能性の大半は締めだされてしまう」とも述べていた（マイアソン、五二頁）。じっさい、われわれはコミュニケーションそれ自体を目的にしているときには、メッセージそのものの受け渡しにはさほど神経質にはなっていない。たとえば対面型のコミュニケーションの場面を思い浮かべてみよう。われわれは面と向かって相手と言葉を交わしているとき、べつにすらすらと言葉が出てきているわけではない。言葉は時に中断し、宙を舞う。沈黙が挟まり、気まずくなって、お茶を濁す。そのようにして、メッセージそのものとしては意味をなさない、「ノイズ」をたっぷりとふくんだ言葉のやりとりをしていることのほうがむしろ多いはずである。だから、後になってその過程を文字にして起こしてみると、その話の内容の空疎さにびっくりしてしまうこともあるわけだ。「自分たちはいったい何をあんなに熱心に話していたのだろう」と。

しかし、そこにおいてわれわれは、メッセージ以外に、相手の表情やしぐさ、声色、「うんうん」という相槌の動作などを含めた、互いの身体を介した〈場の雰囲気〉とでもいったものを経験しているのではないか。そして、これらは総じてメディアコミュニケーションでは伝えられない性質なのである。つまり、対面コミュニケーションには、メディアコミュニケーションには乗せることのできない「意味の豊かさ」（佐藤、一六〇頁）がふくまれているのであり、これがわれわれの会話にある〈厚み〉をもたらしているのではないか。

4　対面コミュニケーションの必要性

マスメディアから送られてくる言葉や映像をただ受け取っていた二十世紀においては、われわれは目の前にいる人びととしかコミュニケーションをとるすべがなかった。しかし、それは逆に言えば、マスメディアを介さずに相手とじかに顔をつき合わせてコミュニケーションをする機会が確保されていた時代でもあった。それはただ単に互いのメッセージを交わすことには尽きない、相手の表情や口調に応じることをも含めた、五感豊かな、身体性をともなった、コミュニケーションの場でもあったはずである。そして、そこにおいて人びとは、マスメディアからの情報を一方的に受け取りつつも、周りの人びととの対面コミュニケーションによって、それらを適宜相対化してもいたのである。宮田はそのような人間どうしの対面コミュニケーションを指して、「支配的なメディアの世界では《知られないままのコミュニケーション》（N・ルーマン）、つまり、《地下の言語》」と述べ、「言論の自由を奪われた独裁的な国家では、それは、民衆に残された唯一の政治的批判のはけ口ともなる」と特徴づけていた（宮田、一三〇頁）。

メディアコミュニケーションの饒舌さに覆われてしまったかにも見える現在において、われわれは、面と向かっていない人たちとの長時間にわたる（沈黙のままなされる）グローバルなコミュニケーションばかりではなく、自分と面と向かっている人びととの、発話をともなったローカルな会話のやりとりをも必要としているのではないだろうか。

〔参考文献〕

梅田望夫・平野啓一郎『ウェブ人間論』〈新潮新書〉（新潮社、二〇〇六年）
佐藤卓己『メディア社会――現代を読み解く視点』〈岩波新書〉（岩波書店、二〇〇六年）
中岡成文『臨床的理性批判』（岩波書店、二〇〇一年）
G・マイアソン、武田ちあき訳『ハイデガーとハバーマスと携帯電話』（岩波書店、二〇〇四年）
水谷雅彦編『岩波　応用倫理学講義　３　情報』（岩波書店、二〇〇五年）
宮田光雄『ナチ・ドイツと言語――ヒトラー演説から民衆の悪夢まで』〈岩波新書〉（岩波書店、二〇〇二年）
山田昌弘・伊藤守『格差社会スパイラル――コミュニケーションで二極化する仕事、家族』（大和書房、二〇〇七年）

第10章　テロリズムの闇と恐怖

1　二十一世紀的暴力としてのテロリズム

「敢えて愚かなれ」

二〇〇一年九月十一日、ニューヨーク貿易センター・ビルとアメリカ政府機関に加えられた三機のハイジャック機による攻撃は、人類の血塗られた歴史に新たな一ページを付け加えた。それが本物の書物のページであったならば、そこにはおそらくタイトルとして、「啓蒙は一瞬のうちに野蛮に回帰した」という文字が刻まれていたはずである。９・11のテロは、ポストモダンの標語がそっくりそのまま現実化された事件であった。

近代の啓蒙が、「敢えて賢かれ」の標語に示されるように、人間の理性を育み人間のうちにある蒙《おお》われた部分を啓《ひら》くことであったとすれば、9・11は、その企て自身が、闇に叩き込まれたのであった。ポスト近代の時代は、「敢えて賢かれ」の標語を取り下げ、「敢えて愚かなれ」を掲げるに至ったのである。

9・11という「事件」

9・11のテロは、破壊の規模と死者の数からすれば、二十世紀の二度の大戦や原爆投下の被害に比べれば小規模であったと言えるかもしれない。だが、そのなかに込められた意味からすれば、二十一世紀を象徴する事件であったことは間違いない。というのも、そこには、これまで見られなかったまったく新しい原理が働いていたからである。その原理とは、闘争の自己目的化と対立の消滅と言ってよい。これまで戦争の原因であった価値やイデオロギーの対立はそこには見られないし、闘争の当事者である国民や人民大衆も表に現われてはこない。はっきりとした価値対立も、陣営もなしに、戦争や闘争が行なわれるのである。あるのはただ憎悪と機械的な殺戮、そしてそれを生じさせるのは価値と虚無の対立である。

このゆえに、この事件は二十世紀を凌駕していると言いうる。だが、これには異論もあるだろう。そもそも、それに新しい意味を見出すこと自体、対テロ戦争の当事者たちに檄を飛ばすようなものかもしれない。おそらく代表的な反対論として、次のようなものが予想されるであろう。一つは、9・

11といえども二十世紀の象徴である原爆の出現ほどの意味を持たない、というものである。また一つは、それを特徴づけているゲリラ戦は新しい戦闘形態などではなく、古い形の闘争であるというものである。

ここでは、これらの反対論にしばらく目を留めることによって、９・11の意味を確認しよう。まず、これらの反対論が、近代性の立場から提出されていることに目を留めたい。すると、二つの反対論は、科学技術と政治の近代的理解に基づいていることが分かってくる。この点から、テロリズムの恐怖を克服する道が見出されないだろうか。

科学＝善

科学技術が原爆を生み出したのは、科学技術が道を踏み外したからだとか、政治的にそれを用いた指導者たちの悪魔的発想のゆえだと考えられる場合がある。それは、科学技術そのものは善いものであるとする近代的理解によっている。このような視点から見る限り、９・11のポストモダン的意味は見えてこない。それがわれわれに示したことは、科学技術そのものが武器であり兵器であるということだからである。そこでは、先端技術はもちろんのこと、科学の思考それ自体が戦闘的で攻撃的であることが示されたのである。

９・11テロの攻撃手段（航空機）および攻撃対象（高層ビル）と、原始的な略奪（ハイジャック）との間に存する対照性には、ポストモダン的二項対立のメカニズムを理解する鍵が隠されている。その対立とは、すなわち近代性が追求した様々な文化的機構と、その負の遺産としての野蛮との対立のことだからである。以下、その問題にいくらか光を当ててみよう。

まずは、9・11のポストモダン的理解に対する第一の反論、つまり9・11には二十世紀の原爆以上の意味を認めることはできない、に対してである。それは、「合理化が野蛮を生み出す」ということの正しい理解に立っているが、「合理化は人間を野蛮にする」という点を見ていない。それはまた、知の大衆化が知を野蛮にするという面も見ていない。実は、9・11は、近代性が孕むこの二つの要素の統合によって引き起こされたのであって、それら二つの要素の統合にこそ、ポストモダン的意味があるのである。

科学技術が兵器になるとき

9・11では、航空機と空の交通システムという都市の一部が凶器に変じたが、その背後にはあらゆる科学技術の成果が控えている。航空機や原子力関連施設はもちろん攻撃目標でありえたし、同時に兵器ともなりえた。実際に攻撃された高層ビルが示していることは、本来兵器とは無関係のものまでもが兵器に転じたということである。高層ビルが兵器になるとは妙な言い方だが、それが殺傷力を高めることに役立ったことは事実である。この高層ビルを拡大すれば、都市そのものが大量殺戮への加担者なのである。

それだけでなく、自然や生命の操作に関わるあらゆる技術は、9・11に関与した航空工学やシステム工学などと同じ役割を、今後演じる可能性が高い。しかも、これらにコンピュータ技術が加われば、巨大な実験設備や生産設備を必要とせずとも、プログラムの書き換えだけで大量破壊兵器を作り出しうる。そしてそれらの複合が恐ろしい結果をもたらすことは目に見えている。このことは、兵器の生産なくしてもすべてのものを兵器化する道が開かれたことを意味しているからである。

9・11の恐ろしさは、それだけでなく、攻撃兵器に転用可能な技術が享楽を提供する子どもたちのためのゲームの中にさえ惜しげもなく用いられているという点にもある。それゆえ、威力を増した次の9・11の芽は、世界のいたるところに潜んでいる。かつての革命運動の指導者たちは、民衆に、鎌やハンマーなど手当たり次第のものを武器に蜂起せよと呼びかけたが、今やそのような用具だけでなく、航空機から原子力発電所にいたるまで、およそ科学技術が生み出すあらゆるものが武装蜂起のための兵器となるのである。

近代におけるゲリラ戦

本書では、政治理論や戦争の議論に深入りすることは避けたいが、それが政治組織とその運動に関わり、政治的・倫理的目的という意味での価値の議論に関わるものである限り、そのような闘争形態を採る集団の倫理的意味について考えてみることは、避けて通れない。9・11は、戦闘形態にだけ着目すれば、一種のゲリラ戦であった。先の反論の一つは、ゲリラ戦の前近代的性格からポストモダン的性格を否定するものであったが、ここでは、それが、超近代に転じうることを指摘しておきたい。

前近代の世界での野盗や海賊一味の襲撃法でしかなかったゲリラ的戦闘形態が、近代史の中で果たした役割の大きさは計り知れない。それは、近代国家成立以前のさまざまな武装勢力の闘争形態から市民革命の反政府的抵抗の闘争形態を経て、それ以後の革命の闘争と帝国主義時代の反植民地や民族解放の闘争形態として採り入れられ、近代国家の成立と国内法の制定、国際関係と国際秩序の形成に深く関与し、世界の歴史を動かしてきた。それゆえ近代史の中ではその闘争形態との関わりの中で政治や正義の問題、目的や払われる犠牲といった倫理問題が理解されてきたといってもよい。さらに、現代のテロリズムが、自由や民主主義といった近代の価値に重大な問題を突きつけていることが紛れもない事実であるとすれば、近代の価値批判という観点からも、その闘争形態の政治・倫理的意味の問い直しは不可欠であろう。テロリズムが、自由、平等、人権といった近代の倫理的価値それ自体を覆しかねない状況からも、この問い直しは焦眉の課題となる。

パルチザンと暴力

ゲリラ的闘争形態は、とりわけパルチザンに採り入れられたことによって、二十世紀の国際政治の中で重要性を増していった。パルチザンは反政府闘争や侵略に対する抵抗闘争としてその本領を発揮したが、単なる民族主義や愛国主義的な闘争とは区別され、超民族的、超国家的価値と結びついた闘争であった。ところが、後進地域であったロシアに最初の社会主義が成立したことが、この闘争形態のそれ以後の展開を複雑にした。一定の倫理的価値の提示を意味した、社会主義のための闘争が、それによって都市での大衆的実力行動から農村や山岳地を拠点とする武装闘争に変様したからである。そうすることによって革命闘争の趨勢が、社会契約説や承認論などの近代の社会理論が当初目指していた非暴力とは逆の方向に逆戻りすることになったのである。

パルチザンは非正規の戦闘者たちの集団であり、それが正規軍と戦う。そしてその出現により、元々は、一時的な暴動でしかなかった闘争が、一定の政党に率いられた継続的な反政府闘争へと変じていく。もっとも、さまざまな目的をもった武装勢力はそれ以前から存在していたわけだから、それらの集団がよりいっそう明確な政治的目的を掲げたものへと整序されていったと言う方が適切なのかもしれない。しかしともかく、それによって政党が、その配下に軍事部門を従えた組織へと発展していく。政治的党派が軍事部門を持つか否かは、それが合法組織か非合法組織かを分ける指標であるが、パルチザンによって非合法的組織が合法的組織と対峙する構図が出来することになり、現に非正規でありながらそれが政治的に勝利を収めることによって正規となりうる組織が出現したことになる。

パルチザンと9・11

毛沢東（1893 - 1976）やホー・チ・ミン（Hồ Chí Minh, 1890 - 1969）に代表される二十世紀のパルチザンは、本来的には都市ではなく農村を拠点とするものであったがゆえに、それは前近代から加えられた近代に対する攻撃のようにも見えた。パルチザンは、近代の外から近代に攻撃を加えた。したがって、二十世紀のパルチザンには、9・11の基本的構図が、すでにできあがっていたと言うことができる。そこに見られる都市と農村の対立が一層抽象化されたとき、実際の政治権力の支配する部分とテロの恐怖が支配する部分、世界の実在的部分と仮想的部分の対立、対テロ戦争を戦う諸国家連合とテロ組織アルカイダとの対立の構図が、ほぼできあがっていた。９・11は、この新しい対立をポストモダン的対立として現出させたものでしかないのである。

パルチザンの変質――価値と虚無との対立へ

大量破壊兵器の登場は戦争を全滅戦化したが、パルチザンもそれに呼応して新たな形態へと変様せざるを得なくなる。それとともに、パルチザンは、倫理とは無縁の機能的で道具的性格のものへと堕していくことになる。パルチザンが、初期段階で、盗賊集団から袂を分かってきたのは、その志の高さによってであったが、その変様とともに、その目的や意図、その意味や正当性、闘争者の倫理性は、闘争から切り離されてゆく。こうして、たとえばアルベール・カミュ（Albert Camus, 1913 - 1960）が描いたような（『正義の人びと』）、かつてのテロリストたちにはあった、正義、革命の大義、自己犠牲、無垢の犠牲者への眼差し、暴力の倫理的意味についての思考が消えてしまった。

パルチザンがその重要性を増したのは、軽装でありながら敵を撹乱して多大の政治的成果が期待できたためであったが、非正規の軍であるパルチザンに正規軍以上の意義が認められるようになったとき、それは正規に代わって非正規者同士が戦う代理戦争の開始を意味した。そうなったとき、もはやこの戦争当事者たちをパルチザンとは呼べなくなる。というのは、パルチザンとは元々、専制や占領によって生じた不当な支配に対する戦い、つまりはレジスタンスの非公然戦闘部隊に付けられた名称だったからである。

大義なきテロの時代へ

冷戦の終結とともに、彼らは都市に生き残るか山岳地帯を拠点とするゲリラとなるか選択を迫られたが、都市ゲリラにせよ山岳ゲリラにせよ、その時点でもはや、新しい使命の余地は残されていなかった。彼らは民主主義的政党として政治運動を継続するか、再び野盗化して都市を襲撃して略奪を繰り返す集団に逆戻りするしか道は残されていなかった。要するに、パルチザンは、冷戦終結とともに、非正規性、遊撃性、闘争の激烈さという衣鉢を残しながら、その存在自体に幕を閉じたのである。

しかし冷戦終結後も、紛争地域の周辺においては、一部、政治党派から切り離されて戦闘のみを目的とする部隊が残された。この部分が、テロ組織として純化され、現代の「帝国」に対峙する暗黒の「帝国」を形作っていくことになる。それは自らの非正規性をいっそう徹底化させ、一国の国家権力に対する革命闘争の枠を破って、文化と文明の全体に挑みかかる闘争団へと変質する。彼らにとっては機械化による装備の高度化は不要である。衝撃は攻撃対象の密集性と脆弱性によって確保される。旅客機、客船、鉄道列車、地下鉄、橋、建造物、学校、劇場など現代文明のもっとも弱い部分が攻撃対象となる。かつてのパルチザンは正規的なもの、つまり軍人や軍施設を攻撃したのに、現代のテロリストは最も被害が大きくなるところを狙う。彼らの目的はダメージ与えることよりも恐怖を与えることだからである。彼らは恐怖を効果的に与えることにのみ心血を注ぐ。

テロリストはどこにいるのか分からないのだから、どこにもいるようでどこにいるのでもない。それによって、少数のテロリストによる多数の民衆の恐怖支配の構図が作り出されていることだけは確かである。テロリストは実際に支配することなど望んでいない。彼らにとっては支配することすら煩わしいのである。虚無的な支配者は、恐怖、混乱、破壊であり、テロそれ自体を目指す。

2　テロリズムを超えるために

人間という共同的存在

人間は他者と共同して生きていかなければならない。そうでなければよく生きることはもとより存続すらかなわない。しかし、共同がいつも親密な関係であるとは限らない。そうなることもあれば、また敵対的な関係に陥る場合もある。そこに友と敵の関係が生じてくる。そうならざるを得ないのは、人間が生命であり、その保存を優先するからである。

人間が自らの生命の保存を優先させる存在である以上、まずは自分自身のために考えをめぐらせる。すると、どうしても同じように自分の生命の保存を目指す他者に立ち向かわなければならなくなる。豊かな社会でも、他者との競争や争いがなくなるわけではない。人間とは、まったく無変化の世界でよく生きることのできる存在ではないからである。競争や争いがない世界とは、おそらく死後の世界でしかないであろう。われわれはつねに自分の生命を保存するために何が大事であるかを考え、生の目的を立て、その目的実現のために何をすべきかを考えるのである。そこにこそよき生があるのである。ルソー（Jean-Jacques Rousseau, 1712 - 1778）が自然人のなかに認めた「自己愛」は、人間的生にとって最も根本的なものなのである。

倫理的思考の必要性

平和で友好的な関係は、人間的生の最高の目的であろうが、各人が自らの関心の優先順位に従ってこの目的実現のために行動するようになると、そこに衝突や抗争が生じる。それは、よき生のためには不可避でさえある。しかも、人間は本来、理性的存在であると考えられているが、彼らがつねに理性的に振舞うとは限らない。それどころか、つねに理性の声に従って振舞ったとしても、正反対の結果に陥る場合さえある。理性そのものが二律背反的であり、実際の行動の場面でジレンマに遭遇せざるを得ないからである。

古《いにしえ》の時代から、われわれが情念に支配され判断を誤ることのないよう、実践の問題を深くから考える訓練が重ねられてきたのは、それに対処するためである。それが倫理学の仕事であった。倫理学から、思慮深く生きることが一層高次の生き方であるとする考えが導かれてくる。思慮深き知は、「実践知」とか「賢慮」と呼ばれてきた。そしてそれは「政治哲学」という学問領域として「倫理」や「政治」の学とともに形成されてきた。それは、ともに生きるより外に「よく生きる」ことができない人間に、「よき生とは何か」、そしてそれを実現するために「何を」「いかになすべきか」と問わせ、それに答えるために知を練磨するよう促してきた。答えは容易に導き出され得ないがゆえに、そのような問いに対する答えを導くための対話的問答が必要とされた。人間と人間、人間と共同体、さらには共同体間に生じてくる諸問題に対処する術は、このような知から導かれてくるはずである。9・11以後、われわれに何らかの指針を与えることのできる知があるとすれば、このような知以外にはないであろう。

二十世紀的思考を超えるために

9・11のテロがかつてのパルチザンの延長上にあることはその非正規性と遊撃性と闘争の激烈さという点から読み取れる。しかし、パルチザンが、自由、平等、友愛という標語とともに語られたのに、テロはそれらと関わりさえもたない。パルチザンは、非正規的であっても自然法や自然権の観念によって導かれていた。それが対峙した正規の側は実定法の裏づけしか持たず、実定法が撤廃されるとき、非正規はむしろ正規に転じる可能性を有していた。それが、自然法に根拠を持ち、自然法に裏付けられた闘争形態だったという点に、かつてのパルチザンと今日のテロリストの間に違いが存する。

その違いを理解するところから、今日の危機を克服する筋道が見えてくるかもしれない。というのも、テロリズムをもその現われの一つとする近代性の危機は、まずは、自然権否定として現われてくるからである。リベラル・デモクラシーの主張者の一部は、戦闘形態の近似性のゆえに、テロリズムにパルチザン的自然法の正当性を見てしまった。それは、今日のテロリズムを許している要因の一部である。リベラル・デモクラシーには、かつてナチズムの出現を許した前歴があるが、それが今日のテロリズムの出現をも許しているのだとすると、その根拠を見届けることは、ここでの至上課題であることになる。ナチズムとテロリズム容認の原因をリベラル・デモクラシーの側に探し求めようとするとき、浮かび上がってくるのは、それに備わる「寛容」さである。寛容の精神こそ、近代的自然権理論の精髄でもあるが、同時にまたそのアキレス腱でもある。というのも、それが相対主義に結び付くとき、それは自然権否定の論理を準備するものとなるからである。

近代性の克服に向けて

今日の政治的対立の当事者であるリベラル・デモクラシーとテロリズムは、ともにそれ自身が「僭主的」支配の体質を持つ点でも共通している。リベラル・デモクラシーは、人間の欲望に訴えかける甘い宣伝文句と大量の生産と消費を通して世界の普遍化と同質化を進めてきた。ところが、それが追い求めているこの普遍化と同質化も、新しい帝国的「僭主」支配に連なっているのである。それは実際に、完全にテクノロジー化された支配機構による地球全体の支配をもって完了するのである。一方、そのメカニズムからこぼれ落ちた被支配者たちが一矢報いようと「闇の帝国」を形成するとき、暗黒の支配が復活させられる。

かつてのパルチザンが夜に攻撃しては昼に休息したように、現代のテロリストたちは「闇の帝国」

から真昼の装飾品に狙いを定める。テクノロジーの先端を行く帝国の装飾品の破壊は一瞬に人びとを恐怖に叩き込む。そこには、かつて人びとを恐れさせた「暴力死」の恐怖がある。その恐怖を直接準備しているものは近代性にほかならないのであって、それゆえに、闇の恐怖の克服には近代性の克服が先行するのである。

グローバル化した世界の恐怖は、世界の無区別と平板化、つまり、自由、平等、人権、民主主義、幸福追求といった近代的価値の副産物によってもたらされる。テクノロジーの無限の発展と人間の労働による自由で平等な世界、目的の国としての「普遍同質的国家」の実現は、帝国とテロリズムを生み出すことにならざるを得ないのである。帝国とテロリズムの両極に分かたれた近代性の一方の極には孤独なる群衆が、その対極にはその群れから脱落した孤独者たちの仮想の集団が形作られる。この近親憎悪的に対立する両極は、現代のテクノロジーの産物にほかならない。それゆえ、その克服は近代性の克服を俟たねばならず、それを可能にするのは倫理的パラダイムを踏まえた政治哲学以外にはない。

二つの提言

ここでは最後に、その政治哲学が、テロの時代を生きるわれわれに対して、提示するであろう、以下の二点に触れておきたい。第一は、科学技術（テクノロジー）に制限を加えるための哲学的考察を早急に開始すること、あるいは近代性そのものの脱構築に真剣に取り組むことである。そして第二は、野蛮からの揺さぶりに超然たる態度で立ち向かうべしということである。科学技術の制限、あるいはもっと一般に近代性の脱構築は、9・11以前からも語られていた（たとえば核兵器の廃絶や遺伝子組み換えの制限はその一部である）が、その不可避性はいまや自明であり、早急に取り組まれるべき課題である。テロに対して超然たる態度で臨むことは、おそらく政治哲学が提出しうる最も現実的な答えであろう。テロが恐怖を煽り立てることをその最大の目的としている以上、近代的自然権に欠けていた恐怖に立ち向かう態度こそが重要となる。この大胆さが、リベラル・デモクラシーの再構築にともなわれていなければならないのである。

〔参考文献〕

石崎嘉彦・石田三千雄・山内廣隆編『知の21世紀的課題——倫理的な視点からの知の組み換え』（ナカニシヤ出版、二〇〇一年）
A・カミュ、加藤道雄・白井健三郎訳『正義の人々』（新潮社、一九五三年）
L・シュトラウス、石崎嘉彦・飯島昇藏ほか訳『リベラリズム 古代と近代』（ナカニシヤ出版、二〇〇六年）
L・シュトラウス、石崎嘉彦・飯島昇藏ほか訳『僭主政治について』（上・下）（現代思潮新社、二〇〇六–二〇〇七年）
C・シュミット、新田邦夫訳『パルチザンの理論——政治的なるものの概念についての中間所見』（福村出版、一九七二年）

T・ホッブズ、水田洋訳『リヴァイアサン』（1-4）〈岩波文庫〉（岩波書店、一九五四-一九八五年）
J-J・ルソー、本田喜代治・平岡昇訳『人間不平等起源論』〈岩波文庫〉（岩波書店、一九七二年）

第Ⅵ部

平和についての問い

第11章　グローバリズムvs反グローバリズム

1　グローバリゼーションとは何か

シアトルの闘い

一九九九年十一月三十日、シアトル中心街の商業地区は、ＷＴＯ（世界貿易機関）の第三回閣僚会議に抗議するデモ隊と、それを力ずくで制圧しようとする警官隊との間の激しい衝突によって騒然としていた。メディアは、警官隊による催涙ガスやゴム弾、ときにはペッパー・ガスなどの攻撃から逃れつつ、爆音で流されるロック・ミュージックなどをバックに、「利益よりも人間！」「ＮＯ！　ＷＴＯ！」「グローバリゼーション反対！」などと記されたプラカードや横断幕を掲げて抗議行動を繰り広げる活動家たちの姿を世界中に配信し続けた。

抗議デモに参加していた団体は、シアトル市内で第三世界の債務帳消しなどを求めて「人間の鎖」行動を決行した全アフリカ・キリスト教協議会による「ジュビリー2000」、市民活動家のラルフ・ネーダー（Ralph Nader, 1934-　）が代表を勤める消費者団体「パブリック・シチズン」、そして、一九九五年に米国労働連合（AFL）と米国産業組織会議（CIO）が合併したことにより国内最大の労組となった「米国労働総同盟産業別組合会議（AFL-CIO）」などである。そのほかにも、一九九八年にフランスで設立され、発展途上国の公的債務帳消しや、投機的な資金の移動抑制を目的にすべての国際的な通貨取引に定率の税を課す「トービン税」の導入を求めて活動を展開する、欧州最大の社会運動グループ「ATTAC（市民を支援するために金融取引への課税を求めるアソシエーション）」などの姿も見受けられた。最終的にこのデモは、閣僚会議会期中に七万人規模にまで膨れ上がり、シアトル中心街には戒厳令が敷かれ、会議そのものも実質的な流会へと追い込まれた。後にこれは「シアトルの闘い」と呼ばれる。

グローバリゼーションは「不均等」に拡がる

とはいえ、なぜこうもWTOやグローバリゼーションに批判の矛先が向けられるのか。まずは、グローバリゼーションという概念そのものを正確に理解しておく必要がある。

グローバリゼーションに関する問題提起的な論文を数多く残している政治学者のヘルド（David

Held, 1951 -　　）は、グローバリゼーションの動きを、「社会的相互作用の超大陸的なフローとパターンの規模と範囲」だけではなく、「そのインパクトも強まっていることを表すもの」と定義している。しかしながら、すぐさまかれは、それによって単純に「調和のとれた世界が出現しつつあるとか、広くグローバルな結合が進むなかで文化と文明の収斂現象が起こっていると受け止めるべきではない」と釘をさしている。つまり、なにもそこでは「ひとつの普遍的な過程が地上で一様に展開されているわけでは決してない」。それどころか、グローバリゼーションの作用は「不均等」なかたちで拡張するのであって、そのことで、世界のうちに「新しい敵対関係や対立状況」を生じさせ、挙句の果てには「反動的政治や根深い排外感情も煽られかねない状況」へと世界を編み直していく。グローバリゼーションが、常に「誰にとっても望ましい結果」や「公平な結果」をもたらすなどと考えることはきわめてナンセンスと言える。事実、「アメリカ合衆国がグローバルな秩序を支配するに足る経済力、文化的影響力、軍事力をあわせもつ唯一の大国となったいま、グローバリゼーションはアメリカナイゼーションを意味する」ものでしかないとの批判も聞かれる。

グローバリゼーションの多次元性

もちろん、これだけでグローバリゼーションの動きをすべて説明したことにはならない。さらに重要な要素として、「グローバリゼーションが内包する結びつきの多様性」に留意しておく必要がある。現代社会においては、「商品、資本、人材、知識、イメージ、犯罪、汚染物質、麻薬、ファッション、信仰などといったものがみな、容易に地域の境界線を越えて流れる。多国間のネットワーク、社会的な運動や関係は、学問的な領域から性的な領域に至るまで、ほとんどすべての領域に広がっている」。グローバリゼーションは、いくつかのレベルで、またさまざまな次元で同時に機能する。

スティーガー（Manfred B. Steger, 1961-　）は、グローバリゼーションの動きを「経済的次元」「政治的次元」「文化的次元」「イデオロギー的次元」の四つの次元に分割し、多元的な視点からそれらの結びつきを捉え返そうと試みている。

「経済のグローバリゼーション」は、資本とテクノロジーの膨大なフローによって世界規模で財貨やサービスの貿易が促進され、市場の勢力がグローバルに拡張していく事態を意味する。この動きは、オイルショック以降の先進諸国の経済政策を方向づけたレーガノミックスやサッチャリズムと呼ばれる新自由主義（ネオ・リベラリズム）政策と密接に結びつけられることにより、二十一世紀のグローバルな経済秩序の特徴として、新たに①「貿易と金融の国際化」②「多国籍企業のパワーの増大」③「IMF（国際通貨基金）、世界銀行、WTOのような国際経済機関の役割の拡大」の三つの側面を浮き彫りにしつつある。

「政治のグローバリゼーション」は、地球上のいたるところで政治的な関係が強化され、またそれが拡大していく過程を指す。こうした諸過程は、新たに「国家主権原理、国際的な政府間機構の影響力の増大、地域的およびグローバルなガヴァナンス〔統治〕の将来的な展望に関連する、一連の重要な政治的諸問題」を提起する。すなわち、グローバリズムの「政治的次元」では、一六四八年のウエストファリア講和条約にその起源があるとされる近代国民国家が、すでにその国内における政治的な方向性を決定する能力を剥奪され、事実上の終焉を迎えているのではないか、などが問題にされる。「文化のグローバリゼーション」とは、地球全体にわたって言語や音楽などの文化のグローバルなフローが強化され、拡大していくことを意味する。しかしその反面で、西洋的な規範と生活スタイルがより脆弱な諸文化を圧倒し、世界の多種多様な文化を画一化させる「文化帝国主義」を生み出しているなどの問題点が指摘されている。

そして、「グローバリゼーションのイデオロギー的次元」において、スティーガーは、グローバリズム推進派たちが提唱する主要な「イデオロギー的主張」を最終的に以下の五つに抽出してみせる。①グローバリゼーションは、市場の自由化およびグローバルな統合に貢献する。②グローバリゼーションは歴史的に見て「不可避」な動きであり、「非可逆的」なものである。③実質的にグローバリゼーションの動きを統括もしくは支配している者はおらず、それは市場とテクノロジーが統括している。したがって、仮にこの動きによって南北間の「不平等」が拡大することがあったとしても、その責任は特定の個人や政府・機関にあるわけではない。④グローバリゼーションの動きは、「グローバルな規模での生活水準の向上」「経済効率の上昇」「個人の自由の拡大」「前例のないテクノロジーの進歩」など、誰にとっても利益がある。それゆえに、グローバリゼーションは「善い」ものである。⑤グローバリゼーションは世界に民主主義をいっそう広める。

2　グローバリゼーションの何が問題なのか

「新自由主義的グローバリゼーション」に対する異議

しかしながら、実際の状況は、先に挙げたグローバリズム推進派たちによる「イデオロギー的な主張」とは大きく異なった様相を呈している。「シアトルの闘い」以降、むしろ「反グローバリゼーション」を掲げる民衆運動がいっそう加熱化している。

その際、「反グローバリゼーション」民衆運動が主に抗議しているのは、①ＷＴＯやＩＭＦ、そして世界銀行などといった、これまで「グローバリゼーション」を推進してきた国際経済機関と、②それらの国際経済機関を実質的に支配している先進主要国首脳（Ｇ８）、そして、③グローバリゼーションの真の受益者である多国籍企業の三つである。特に、「シアトルの闘い」のなかでデモ隊が抗議していたものは、生産性を低下させるような社会的な規制を緩和して資本の活動に最大限の自由を与え、最終的に市場のなかで競争力に乏しい弱者の淘汰を促進させるネオリベラルなグローバリゼーションに対してであり、また、これまでそのグローバルな動きを実質的に加速させてきた張本人の一つ、ＷＴＯに対してである。ＷＴＯはこれまで、「途上諸国や貧困層、環境、労働者、消費者を犠牲にして（先進諸国の）企業利益を援護するグローバルなルールの設定にあまりにも肩入れしすぎてきた」。ＷＴＯという国際機関そのものが、「人びとの主権を国民国家からグローバル企業へと移す過程の促進・拡大のための仕組み」にほかならないのではないか。

新たな植民地主義

それにくわえて、世界中の市場を統合して規制を緩和するという新自由主義的な経済的アジェンダをもつＩＭＦや世界銀行の「構造調整プログラム」も、南側諸国に対する新たな植民地主義を推し進めるものであるとして槍玉に挙げられる。なぜなら、この「構造調整プログラム」の表向きの目的は、発展途上の債務諸国の国内メカニズムを改革して債務の返済を可能にするような状況を創造することであったにもかかわらず、実質的には途上国への融資を約束するかわりに債権国の意向を反映した経済政策への転換を要請する、きわめて先進諸国や多国籍企業にとって都合のよい経済政策にほかならなかったからである。かつて、この世界銀行の主任エコノミストであったスティグリッツ（Joseph E. Stiglitz, 1943-　）でさえ、「ワシントン・コンセンサス」によって定められた「構造調整プログラム」の最終的な結果は、「たいていの場合、多数を犠牲にして少数に、貧乏人を犠牲にして金持ちに恩恵を施すこと」であり、また「多くの場合、配慮されていたのは商業的な利益や価値であり、環境や民主主義や人権や社会正義ではなかった」と回顧しているほどである。

多国籍企業という「略奪者」

さらに、これまで実質的にグローバリゼーションの動きを推し進めてきた国際経済機関の強力な後ろ盾に護られつつ、一部の多国籍企業が南側世界に対する著しい略奪行為を行なっているとの指摘も聞かれる。

多くの発展途上国では「安全確保と環境保全のための規制が緩やかすぎるか、もしくは事実上ないに等しく」、多国籍企業がそこを抜け道にして、すでに「先進工業諸国では制限または禁止されている商品――効き目の乏しい薬品、有害な殺虫剤、タールとニコチンを多量に含有するタバコなど――を発展途上諸国で販売する」ケースなどが頻繁に見受けられる。さらに、多国籍企業は、国際経済機関の後押しにより規制緩和にいっそうの拍車がかかったグローバル労働市場のなかで、その機動力と収益力とをより飛躍的に向上させようと、南側世界での安価な労働力や資源、さらには有利な生産力の獲得に躍起になる。世界的なスポーツ用品メーカーであるナイキはグローバルな規模で自社製品を生産・流通・販売しているが、そのナイキの製品はドミニカ共和国などの南世界における低賃金労働と過酷な勤務実態によって、すなわち「スウェットショップ（搾取工場）」と呼ばれる労働者に対する搾取によって初めて可能となる。

そのほかにも、インドを代表するエコロジー活動家であるシヴァ（Vandana Shiva, 1952-　）などによって、WTO協定の一部である「TRIPS協定（知的所有権の貿易関連の側面に関する協定）」を楯にして、遺伝子組み換え作物やアグリビジネス関連の多国籍企業が、南側諸国などの非工業文化において数世紀にわたって使用されてきた生物資源を、あらたに開発した医薬品や化学製品のための〈資源〉として特許化し、その生物の排他的所有権を主張する、「生物詐欺」（バイオパイラシー）とでも言うべき略奪を行なっていることなどが問題にされてもいる。これはまさに「特許を使った法的略奪」にほかならない。

3　「反グローバリズム」と「もう一つの世界」

「反グローバリズム」の二つの方向性

したがって、いままさに、このような「グローバリゼーションの否定的な帰結から自分たちや他の者たちを守る必要がある」という保護主義的な「確信」が全世界を席巻し始めているとしても驚くにはあたらない。そして、この「確信」に突き動かされるかたちで、さまざまな「反グローバリズム」派の諸集団が独自の観点からグローバリゼーションの「望ましくない帰結」に関して分析や評価をくわえ、各々が掲げる政治的なアジェンダに対して多種多様なアプローチを繰り広げている。

スティーガーは、この多種多様な反グローバリズムのアプローチを、あえて単純化しすぎることの危険性を承知したうえで、「個別主義的な保護主義の立場」と「普遍主義的な保護主義の立場」との二つの方向性に大別してみせる。

「個別主義的な保護主義」とは、これまで触れてきたようなグローバリゼーションの進展によって自国の国民文化や国家の自己決定権が奪い取られることを最も恐れ、「自由貿易、グローバルな投資家のパワー、多国籍企業の新自由主義的アジェンダ」などの世界的浸透を「当該社会の生活水準の低下および倫理的な堕落の要因」であるとして徹底して糾弾する立場のことを指す。それが「個別主義的」と呼ばれるのは、この立場が「グローバルな連帯に基礎を置く公平な国際秩序の構築」よりも「自国市民の福利」にこそ最大限の関心を注いでいるからである。

他方、「普遍主義的な保護主義」とは、「グローバルな規模での生活水準の向上」や「個人の自由の拡大」などの「イデオロギー」を説く「グローバリズム推進派」こそが、逆に「グローバルな不平等の拡大」や「高水準の失業」を加速させているとして糾弾し、早急に「富とパワーのグローバルな再配分を基礎とする新たな国際秩序の構築」に着手する必要があると主張する立場である。またこの立場は、「周縁化された者や貧しい者たちに有利な「下からのグローバリゼーション」を要求し、世界中の普通の人々を新自由主義的な「上からのグローバリゼーション」から保護すること」を追求する。それが「普遍主義的」と呼ばれるのは、彼らの掲げる理想が「自国民に限らない全世界の人々の平等と社会的公正の実現」のうちに見定められているからである。この立場は、特に「北世界と南世界の間のより公平な関係の確立を理想に掲げる進歩的政党」や市民組織のうちに見て取ることができる。いまでは、この「普遍主義的な保護主義」の立場は、「環境保護、フェア・トレード、国際労働問題、人権、女性問題に関心をもつ非政府組織や国境を越えるネットワーク」として、細部にわたって世界中にその網の目を張り巡らせつつある。それらを結び付けているのは、「新自由主義に対する闘いはグローバルに行なわれるべきだ」という確信である。

「オルタナティヴ」を構想する

したがって、このような「普遍主義的な保護主義」の立場は、「反グローバリズム」というよりも、むしろ「貨幣の権力による貨幣の権力のためのグローバリゼーション」へと歪曲化された「企業主導型グローバリゼーション」とは「別の」、あるいはそれへの「「対抗的（カウンター）」を冠したかたちでのグローバリゼーション運動」（スーザン・ジョージ）として捉え返すことができる。事実、これらの立場は「新自由主義に支配されない、もう一つの世界は実現可能である」と宣言していることから、「オルター・グローバリゼーション」運動と言い換えられもする。

これらの運動は、「グローバル・ジャスティス（世界の公正）」の観点から、人間よりも利潤を優先させるこれまでの株式市場の基準や経済投資とは早々に縁を切り、「持続可能な開発の原理」に依拠した「より連帯的な新しい経済」、具体的にはフェア・トレード制（南側の生産者に対して、資本主義的貿易によってもたらされるよりも高水準の労働条件や生活条件を保証した貿易）の導入などによって北世界と南世界との間に横たわる著しい不平等を解消して国際的な連帯を強化する「オルタナティヴ」構想の実現を目指す。

「コスモポリタニズム」の論理

「もう一つの世界」を構想するこれらのグループが、国民国家や企業という組織体を超えたグローバルな民主的形態、もしくはその政治的制度の可能性を念頭に置く「コスモポリタニズム」を標榜するものたちであることはあらためて言うまでもない。例えばヘルドが提唱するような、「政治的平等」や「社会的公正」などといった社会民主政における最も重要な諸価値を、「経済と政治の新しいグローバルな形状に適用しようと」試みる「コスモポリタン社会民主政」などがそれにあたる。

しかしながらその一方で、われわれは、一般的に、自らの置かれた場所もしくは立場から生じる自分たちの明確な利害関心、例えば「富の蓄積に関する利害や個々の国家の狭い国内的問題に関する利害関心」を譲り難く保持していることもまた事実である。したがってその際、「コスモポリタニズム」に対しては、そのような「利害に序列をつけ」、また個々の人間が自らの「ローカルな利害」関心から抜け出て「グローバルな利害」関心へとその「優先権」を移しかえることを可能にするような、ある明確な「道徳的上位基準」を提示することが求められてくる。とはいうものの、実際のところ、「コスモポリタン」といえどもそのような「道徳的上位基準」を準備することなど到底できてはおらず、また現実の政治においても、そのような序列の確立を可能にする「有効な政治的・制度的メカニズム」を打ち出せてはいない。それどころか、これまでの「コスモポリタニズム」では、どういうわけか、「ローカルな倫理」から「一足跳び」に「誰でも認めることのできる（互恵主義の規範に基づいた）核心的な一連の普遍的価値」への「移行」が図られてきた。「コスモポリタニズム」における「この種の倫理的言説への移行」はあまりにも安易で、「性急」すぎるのではないか。

むしろこの点において「コスモポリタニズムの倫理が扱うべきもの」は、どのようにすれば、われわれが「直接自分に関わりのあるローカルな問題だけにこだわらず、グローバルな意識、参加、責任などといったものを意識し、（逆に）こうした大きな問題を日常世界の活動の中に組み入れることを可能にしてくれる」ような「倫理的な気質」、すなわち「道徳的な想像力」を獲得することができるのか、といった問題である。しかしながら、「コスモポリタニズム」の倫理として「倫理的グローカリズム」の可能性を説くトムリンソン（John Tomlinson, 1949-　）でさえも、「ローカルな倫理」から「必ず地球全体にとって必要な責任感が生まれてくる保証はまったくない」と言い、「そういった責任感は、抽象的な世界市民的倫理などといったものによって直接的に培われるというよりも、むしろ大衆文化的な活動の中から間接的に発達してくるものだといった方がよいのかもしれない」と推察している。「コスモポリタニズムの倫理」は、ネオリベラルな市場経済の暴走に歯止めをかけるための理論づくりだけでは到底十分とは言えない。「グローバルな倫理」の可能性は、この「道徳的想像力」をいかに逞しくしていくかに議論の照準を合わせてこそ、初めて拓かれてくるように思われる。

〔参考文献〕

ATTAC編、杉村昌昭訳『反グローバリゼーション民衆運動――アタックの挑戦』（柘植書房新社、二〇〇一年）
北沢洋子『利潤か人間か――グローバル化の実態と新しい社会運動』（コモンズ、二〇〇三年）
V・シヴァ、奥田暁子訳『生物多様性の保護か、生命の収奪か――グローバリズムと知的財産権』（明石書店、二〇〇五年）

S・ジョージ、杉村昌昭・真田満訳『オルター・グローバリゼーション宣言』（作品社、一九九八年）
M・B・スティーガー、櫻井公人・櫻井純理・高嶋正晴訳『一冊でわかる　グローバリゼーション』（岩波書店、二〇〇五年）
J・E・スティグリッツ、鈴木主税訳『世界を不幸にしたグローバリズムの正体』（徳間書店、二〇〇二年）
J・トムリンソン、片岡信訳『グローバリゼーション――文化帝国主義を超えて』（青土社、二〇〇〇年）
パブリック・シティズン、L・M・ワラチ／M・スフォーザ／R・ネーダー監修、海外市民活動情報センター監訳『誰のためのWTOか？』（緑風出版、二〇〇一年）
D・ヘルド／A・マッグルー、中谷義和・柳原克行訳『グローバル化と反グローバル化』（日本経済評論社、二〇〇三年）
K・ベルナー／H・バイス、下川真一訳『世界ブランド企業黒書――人と地球を食い物にする多国籍企業』（明石書店、二〇〇五年）

第12章　平和の文化に向けて

1　平和をめぐる新しいアイデア

国境によって区切られた世界から地球規模での一つの世界への変容は、われわれがいつの間にか自明視するようになっていた近代的枠組みの検討をわれわれに迫っている。政治における近代的な枠組みは、第一義的には、宗教戦争の惨禍のなかから戦争を制御することを目指して構築された。国境によって区切られた主権国家こそが、世界を構成する基本的単位であると理解されてきたのは、このためである（第1章を参照）。

主権の一側面は、それが正当に暴力を行使することの許される資格を意味することにある。それゆえ国内では主権以外によって行使される暴力は犯罪として取り扱われる一方、国際関係においては主権国家同士の戦争は、正当な行為として理解されてきた。

戦争の正当化をともなうこのような近代的政治理解は、それにもかかわらず、平和を実現するためのアイデアであった。このことはわれわれにとってはなかなか理解しがたい。国境の外での暴力の行使も国内における暴力行使とそれほど異なるようには思われないからである。だが、われわれがこのように考えるのは、われわれがグローバル化された世界理解を持つようになったからである。ほんの少し前までは国境の外側での出来事は、とても遠い出来事としか理解されていなかったのである。

暴力の文化と平和の文化

近代とグローバル化した現在との間には、このような違いがあるものの、戦争と平和という観点から理解するならば、その違いは大きくない。われわれは依然として暴力文化の時代に生きているからである。

暴力の文化と平和の文化というのは、ユネスコ（国際連合教育科学文化機関）を中心に提唱されている考え方である。それは、人類が戦争を繰り返してきたのは、問題の暴力的解決を是認する文化が共有されてきたためであり、したがって戦争の生じない世界を築いていくためには、暴力による解決を否認し、非暴力的な問題解決を推進する平和の文化の創出が必要であるとの主張に基づくものである。

この考え方は、戦争についての二つの俗説が間違っているとの知見に基づいている。その一つは、戦争は、文化が異なることによって生じる摩擦のために不可避的に生じるという見解である。このような見解は、差異や多様性を潜在的な敵対関係を意味するものと理解する見方や、自己とは異なる者を排除の対象とみなす偏狭な自文化中心主義に基づいている。

もう一つは、戦争は人間に内在する性質（本能だとか遺伝子だとか獣性だとか）に由来するので不可避的に生じるというものである。この見解は、「暴力に関するセビリア宣言」（一九八六年にユネスコがスペインで開催した自然科学者たちによる国際会議によって作成され、一九八九年にユネスコの総会が採択した宣言）において明確に否定されている。戦争は、われわれの攻撃本能によって決定されていたり、遺伝的に決定されていたりするものではなく、社会的考案物、文化の所産なのである。

人間の安全保障

ユネスコが平和の文化というアイデアを提唱するのと平行して、同じく国連機関である国連開発計画（UNDP）は人間の安全保障という考え方を提案した。これはグローバル化の進展によって国境が人びとの生活の安全の防壁として機能しなくなりつつあることを受けて、安全保障の単位をこれまでのように国家とするのではなく、個々の人間に転換し、一人ひとりの人間が紛争や災害を恐れずに暮らせることを目指す考え方である。

平和の文化についての議論のなかでは人間の安全保障を確実にしていくことが平和の文化を築いて

いくうえで重要であるとしばしば言及されるのに対して、人間の安全保障についての議論では一般的に平和の文化には言及されない。このような相違は、それぞれのアイデアの基本的性格に対応している。平和の文化が現在の支配的な考え方を乗り越えて新しい考え方を作り出そうとしているのに対して、人間の安全保障は現在の支配的な考え方を新しい事態に合わせて修正しようとするものだからである。

グローバル世界に生きるわれわれは、依然として暴力の文化のなかに生きているが、しかし、そのように理解する観点それ自体や人間の安全保障というアイデアは、われわれが平和の文化の構築に向けて歩みを進めたことを示していると言えよう。以下では、われわれが乗り越えようとしている考え方がどのようなものであり、どのような方向に向かって進もうとしているのかを確認する。

2　平和をめぐる諸概念

安全保障

近代的な世界理解のなかでの平和の追求は、最終的に、安全保障という考え方に行き着いている。この考え方の特徴は、その英語、security の語源にさかのぼるとき、それが不安や気遣いの不在を意味することに現われているように、つねに不安がすでにあることを前提にしている点にある。それは、安全保障理論の現在の主流派、現実主義の国際関係理解に端的に現われている。

現実主義によれば、国際社会は、自らが自己の利益や安全を保全しなければならない自助の体系である。諸国家に優越する力が存在しないからである。したがって現実主義によればまた、たとえ諸国家が共通に従うのが好ましい規範があるとしても、国家はそのような規範を尊重するよりも、自らの国益だけを追求すべきである。他国を出し抜く国があるかもしれないからである。

このように考える現実主義も、だからといって、国家は積極的に戦争に訴えるべきだと主張しているのではない。むしろ、現実主義は、戦争を望ましくないものであると理解しており、だからこそ安全保障を追求せよと主張するのである。だが、現実主義による戦争回避の提案は、かえって平和を不安定にするし、現実主義の理解する平和はきわめて不安定なものである。というのは、平和は諸国家のあいだで力のバランスが保たれているときにだけかろうじて成立するものだからである。そしてこのように理解するから、現実主義は、自国の安全を確実にするために国家は、戦争に備えて軍事力の増強に努めるべきだと提案する。だが、そのような行為はひるがえって他国にとっては脅威となり、したがって他国の軍事力の増強努力を促すことになるから、結果的に自国の安全が脅かされることになる。

もしこれが世界の姿であれば、侵略と戦争の不安からわれわれは逃れられないだろう。このような不安を前提に、少なくとも国（境）内では人びとが不安なく暮らせるようにするということが、安全保障ということによって追求されてきたことである。安全保障は、国際社会を国家という利己的な主体が、自国の安全を求めて繰り広げる競争として理解する見方に基づいて追求されてきたのであり、人間関係について競争モデルで理解する近代的世界理解を色濃く反映する考え方なのである。

積極的な平和

平和の概念は、心の平安から世界の理想的状態まで非常に幅広く多くのことを意味する。このことは、平和が人類共通の目標でありながら、それにもかかわらずなかなかその達成の見込みが立たない理由の一つである。同じ言葉で語り合いながら、違うことが語られるということがありうるからである。そこで、平和が何を意味するのかについて議論し、明確にすることが平和の実現にとっての重要な課題になる。

平和研究は、二十世紀の二度の世界戦争の経験を経て発達したが、そこでは二つの平和についての考え方が展開されてきた。一方は、現実主義の安全保障理論とも共通する理解で、平和を戦争や暴力の不在状況とみなす見方である。これに対して、このような見方では、戦争さえなければ、どのようなひどい状況があったとしても平和と言えることになるとして、暴力の意味をより広く解釈し、それに従って平和の意味もより広く理解する積極的な平和の概念が提案されている。

積極的な平和の理論によれば、平和の実現のために除去されるべき暴力は、戦争のような物理的暴力だけではない。暴力を、何らかの影響で潜在的に実現可能なことに実際に実現されたことが及ばなかった場合のその影響のことであると理解するならば、貧困や政治的抑圧体制も暴力と見なしうるからである。このような理解から、積極的平和の理論は、特定の誰かによって行使されるのではない暴力を構造的暴力と呼び、物理的暴力の不在状況に消極的平和、構造的暴力の不在状況に積極的平和という名称を与えている。こうしてこの理論によれば、積極的平和とは、消極的平和を内に含み、そのうえで社会正義が実現された状態である。

正義と平和

正義の実現が、平和の実現にとっての重要な要因であることを明確にしている点で、積極的平和の理論は有益なものである。だが、このような平和の概念に対する言わば拡張主義的な理解にはいくつかの難点がある。第一に、平和概念の中に正義概念が組み込まれてしまった点に問題がある。たとえば二つの集団に分かれて激しく内戦を繰り広げていた国において、内戦が終結したとき、内戦中になされた犯罪を正すこと（処罰すること）は正義にかなったことであるが、そのことによって対立が再燃しかねないのであれば、両集団間の平和を重視して、正義を追求しないという選択肢もありうる。このように正義と平和とのいずれを優先させるのかを判断しなければならないときも存在するのである。

第二に、積極的平和という概念は平和を過度に理想的に描きすぎているかもしれない。考えてみよう。平和が実現されたならば、人類のあらゆる悩みは解消されるだろうか。あるいは、すべての社会問題がなくなるのだろうか。もちろん平和をそのように理解することも可能である。だが、平和が社会的に取り組まれるべき目標であるならば、それはわれわれによって達成可能なものであろうし、そうであれば平和はもっと現実的に、人間の抱えている限界を十分に考慮に入れたかたちで描かれた方がよいであろう。そうした平和について現実的に理解する見方は、まだ十分に理論化されてはいない。だが、その大きな方向性は明らかになっている。それは共生モデルの人間理解に基づくものである。

3　現実的な平和の構想

共生モデルに基づく現実的な平和の構想がどのようなものかを理解する第一の手がかりは、批判的ヒューマニズムと呼ばれる立場である。それは、神や市場のような人間以外の何かではなく、人間に希望を見出すのでヒューマニズムと呼ばれるが、しかし、人間性に対する理想主義的な礼賛に基づく立場ではない。

批判的ヒューマニズムは、アウシュヴィッツや広島以降のヒューマニズムである。それは、ジェノサイドや意図的な無差別殺人の行為を非人間的な行ないと理解するような立場ではなく、そのような人間性への幻想を捨て去ったヒューマニズムである。それにもかかわらず、批判的ヒューマニズムが人間に希望を見出すのは、人間が変わりうるものであると理解しているからである。批判的ヒューマニズムの示す現実的な平和の構想の手がかりは、人間性の不完全性を受け止めつつ、人間性の可能性に希望を持つことである。

コスモポリタニズム

第二の手がかりは、今日のコスモポリタニズムにある。コスモポリタニズムは長い歴史を持つ。その名称は古代のストア派哲学者たちのアイデアに由来するものであるし、世界市民という考え方は啓蒙の哲学者カント（Immanuel Kant, 1724-1804）の展開したものである。これらの先駆的アイデアを参考にして展開されている今日のコスモポリタニズムは、以下のような二つの特徴を持つ。

第一は、グローバル国家とでも呼ぶべき、地球規模で一元的に人間関係の枠組みとなる単一の共同体の構想に否定的なことである。今日のコスモポリタニズムは、世界にはローカルな共同体から、国家や、ＥＵのような地域連合、そして人類という共同体にまでいたる多層的な責任、連帯、義務、忠誠の対象があると主張する。

したがって、今日のコスモポリタニズムの第二の特徴は、国家やその他の領域的な共同体への帰属をいっさい特別視しないことにある。コスモポリタニズムからすれば、われわれの倫理的な忠誠が向けられるべき第一の共同体は、むしろ人類である。それは、倫理が偶然的ではなく、普遍的であるならば、出生やその他の偶然性に左右される領域的な共同体ではなく、人類というグローバルな共同体こそが倫理の第一の基盤としてふさわしいと考えるからである。

今日のコスモポリタニズムは、国家の消滅をもたらそうとする世界帝国や世界革命を望む普遍主義的主張と、国家のような領域的共同体を特別視するナショナリズムやコミュニタリアニズムの特殊主義的主張の双方のいずれにも与しないのである。普遍にしろ特殊にしろ、どちらか一方だけを重視する見方は、どちらも排他的になりうるからである。特殊性の過度の尊重は他の特殊性を認めない立場に陥る一方、人間性という普遍性だけに寄りかかるならば、特殊性を尊重する者を例えば異端として排除することにつながるからである。

こうして今日のコスモポリタニズムは、人が自分の身近なものに対する愛着心を抱く傾向性を持つことと、その反面、人間性という人類共通の基盤に対する敬意を持つことの双方を是認する考え方であり、批判的ヒューマニズムと共通する方向性を示している。

共生モデルと現実的な平和の構想

批判的ヒューマニズムと今日のコスモポリタニズムに基づいて、われわれは人間が共有する人間性を尊重することを平和の文化の創出に向けた現実的な平和の構想の第一の基盤とみなすことができよう。それは言い換えるならば、人間の尊厳と、その法的表現である人権の尊重を重視する立場である。だが、同時に、われわれはこうした立場が現実的であるためには、人間性の不完全性をも直視すべきなのである。今日のコスモポリタニズムは、すべての人類が単一の共同体を形成している同胞になりうるとは見なさない。現実的な平和の構想は、世界が複数の共同体によってできていることを前提にする立場でなければならない。

ただし現実的な平和の構想は、現実主義のように同胞ではないからといって、ただちに敵であるとみなすような競争モデルの人間関係理解には基づかない。それは、同胞ではない者を、他者とみなすのである。同胞でない者たちは、人間であるということ以外には何もわれわれとは共有するところがなく、したがっていつになっても理解し合えないかもしれない。だが、他者を排除や抑圧の対象とみなすことはもはやできない。共生モデルにおいては、他者は、もしかしたら分かり合えるときが来るかもしれないが、それまではお互いが他者どうしとして並存していくという共通の課題に共に取り組む協働相手と理解されるのである。

　こうして人間性の不完全性、人間が悪をなしうること、そしてまた人類が同胞だけではなく、他者からもなること、これらのことを認めつつ、それでも非暴力的に問題に対処するという共通の課題に取り組む協働関係にあるものとして理解するのが人間関係についての共生モデルである。

　この共生モデルに基づくならば、現実的な平和の構想は、現実主義の主張する人間の利己的側面を認めつつ、また現実主義や人間の安全保障や積極的平和の理論と同様に、人びとが恐怖や不安のもとで日々悩まされないことを重視するものになろう。ただそれが現実主義と異なるのは、そのような安心の領域を力によって強制的に確保しようとはしないからである。

　現実的な平和の構想はまた、人間の不完全性を認めているので、恐怖や不安の根絶をではなく、恐怖や不安の原因を減らすことを目指す。それは、一挙に全面的な問題解決を目指すのではなく、徐々に一つずつ問題の調停をはかっていくことを目指すのであり、それと同時に、そしてより重要なこととして、残念ながら生じてしまった犯罪や軋轢を和解に向けて調停し、壊れてしまった関係を修繕することを重視するのである。

全面的な解決を一挙に求めることができるとの理想を捨てるところに、共生モデルに基づく現実的な平和の構想と、平和の文化の創出に向けた希望があると言える。

〔参考文献〕

太田義器・谷澤正嗣編『悪と正義の政治理論』（ナカニシヤ出版、二〇〇七年）
J・ガルトゥング、高柳先男他訳『構造的暴力と平和』（中央大学出版部、一九九一年）
杉田敦『境界線の政治学』（岩波書店、二〇〇五年）
T・トドロフ、大谷尚文訳『悪の記憶・善の誘惑――20世紀から何を学ぶか』（法政大学出版局、二〇〇六年）
D・ヘルド、佐々木寛他訳『デモクラシーと世界秩序――地球市民の政治学』（NTT出版、二〇〇二年）

あとがき

本書を通して最終的に導き出された知恵は、「共生を求めよ」という命題によって言い表わされるように思われる。この命題が意味を持つためには、別のもう一つの命題が前提されている必要がある。それは、人間は「自ずから共同を求める存在」であるというものである。それは言い換えれば、人間をホッブズ的視点からではなくルソー的視点から見るということである。ルソー的に人間を見るとは、かれが自然人に認めた「憐れみ」の情を備えた存在として人間を見よということである。

ところが「憐れみ」の情を備えた存在が必ずしも善への素質を備えているとは言えないというところに倫理の学の難しさがある。涙を浮かべながら殺戮を繰り返す人間がいるかと思えば、極悪非道の人間がいくつもの罪を犯した後改悛することだってあるからである。しかし、最大の難しさは、私たちがみなエデンの園の林檎の実を食べた存在であるという点である。ルソー自身も、社会の問題に解決策を提出しようとするとき、かつての自らの「自然人」についての思索を封印してからでなければならなかった。われわれも、これと同じ問題を抱えたまま、ここで一応の議論を締めくくらねばならない。

ホッブズは、この問題の解決のために、黄金律を変形した「自分がなされることを欲しないことを他人に対してするな」という禁止の命法を持ち出している。それは権利の放棄、あるいは自由の断念を意味している。大地が小さくなり終わって登場してくる「末人」の世界を抜け出し、その社会を「共生」社会へと変えていくために、この知恵の必要性について、これからいっそう議論を深めていく必要があることを示唆しながら、本書の「あとがき」を閉じることにしたい。

人間の生命の限界と身体の不自由を突き破る可能性を秘めた人工多能性幹（iPS）細胞が人類史上初めて作り出されたというニュースが飛び込んできた晩秋の日の夕暮れ、生駒の山を望む寓居にて。

第9巻編集世話人
石崎 嘉彦

マ　行

ヤ・ラ　行

タ　行

ナ　行

ハ　行

サ　行

事項索引

人名索引

ア　行

青木やよひ　108, 109
アクィナス Thomas Aquinas　28
アリストテレス Aristotelēs　23, 48
アレクサンドロス Alexandoros　23
上野千鶴子　108–110
エピクロス Epikouros　24
大越愛子　110, 111

カ　行

カミュ Albert Camus　137
カント Immanuel Kant　*iv*, 170
カントロヴィッチ Ernst Hartwig Kantrowicz　101
キケロ Marucus Tullius Cicero　28
ケインズ John Maynard Keynes　76–78, 80, 82
ゴア Albert Arnold Gore, Jr.　60, 61

サ　行

サッチャー Margaret Thatcher　80
シヴァ Vandana Shiva　155
シジウィック Henry Sidgwick　65, 66
シンガー Peter Albert David Singer　65–70
スターリン Iosif Viisarionovich Stalin　52
スティーガー Manfred B. Steger　151, 152, 156
スティグリッツ Joseph E. Stiglitz　154
スピヴァク Gayatri Chakravorty Spivak　113
スピノザ Baruch de Spinoza　*ii*, 92, 96–98
スミス Adam Smith　9

タ　行

高村薫　122
デカルト René Descartes　49
デリダ Jacques Derrida　41–44
ドゥルーズ Gilles Deleuze　84
トムリンソン John Tomlinson　160

ナ　行

ニーチェ Friedrich Wilhelm Nietzsche　*iii*
ネグリ Antonio Negri　90–95, 97–101
ネーダー Ralph Nader　149

ハ　行

ハイデガー Martin Heidegger　47, 49–56
ハート Michael Hardt　90–93, 95, 97–99, 102
ヒトラー Adolf Hitler　52, 120
フクヤマ Francis Fukuyama　74
ブッシュ George Walker Bush　60–64, 67
プラトン Platōn　26, 48
ヘーゲル Georg Wilhelm Friedrich Hegel　*iv*
ヘルド David Held　149, 159
ベンハビブ Seyla Benhabib　40
ホー・チ・ミン Hô Chí Minh　136
ホッブズ Thomas Hobbes　28, 175

アーレントの戦争責任論——罪と責任の概念をめぐって」（『政治思想研究』創刊号，2000年），『ハンナ・アーレント政治思想集Ⅰ・Ⅱ』〔共訳〕（みすず書房，2002年）他。
〔**担当**〕第Ⅱ部（第4章），第Ⅲ部（第6章）

西村高宏（にしむら・たかひろ）

1969年生まれ。大阪大学大学院文学研究科博士課程単位取得退学。博士（文学）。哲学・倫理学専攻。東北文化学園大学准教授。『日本の生命倫理——回顧と展望』〔共著〕（九州大学出版会，2007年），『西洋哲学史入門——6つの主題』〔共著〕（梓出版社，2006年），『ビジネス倫理学——哲学的アプローチ』〔共著〕（ナカニシヤ出版，2004年），他。
〔**担当**〕第Ⅲ部（第5章），第Ⅵ部（第11章）

河村厚（かわむら・こう）

1968年生まれ。大阪大学大学院文学研究科博士課程単位取得退学。博士（文学）。哲学・倫理学専攻。関西大学准教授。『西洋哲学史入門——6つの主題』〔共著〕（梓出版社，2006年），『ビジネス倫理学——哲学的アプローチ』〔共著〕（ナカニシヤ出版，2004年），L. シュトラウス『リベラリズム　古代と近代』〔共訳〕（ナカニシヤ出版，2006年），他。
〔**担当**〕第Ⅳ部（第7章，第8章）

▒著者紹介（執筆順）

石崎嘉彦（いしざき・よしひこ）

1948 年生まれ。大阪大学大学院文学研究科博士課程単位取得退学。哲学・倫理学専攻。摂南大学教授。『ポストモダン時代の倫理』〔共著〕（ナカニシヤ出版，2007 年），L. シュトラウス『リベラリズム　古代と近代』〔共訳〕（ナカニシヤ出版，2006 年），R. ノーマン『道徳の哲学者たち〔第二版〕』〔監訳〕（ナカニシヤ出版，2001 年），他。

〔**担当**〕まえがき，第Ⅰ部（第 2 章），第Ⅴ部（第 10 章），あとがき

太田義器（おおた・よしき）

1965 年生まれ。早稲田大学大学院政治学研究科博士後期課程単位取得退学。博士（政治学）。政治思想史専攻。摂南大学准教授。『グロティウスの国際政治思想——主権国家秩序の形成』（ミネルヴァ書房，2003 年），『悪と正義の政治理論』〔共編著〕（ナカニシヤ出版，2007 年），『政治と倫理のあいだ——21 世紀の規範理論に向けて』〔共著〕（昭和堂，2001 年），他。

〔**担当**〕第Ⅰ部（第 1 章），第Ⅵ部（第 12 章）

三浦隆宏（みうら・たかひろ）

1975 年生まれ。大阪大学大学院文学研究科博士課程修了。博士（文学）。臨床哲学・倫理学専攻。摂南大学非常勤講師。「アーレントの人権論——「諸権利をもつ権利」という言葉をめぐって」（『倫理学年報』第 54 集，2005 年），「全体主義以後の自由論——アーレント政治理論におけるふたつの〈自由〉をめぐって」（『倫理学研究』第 34 号，2004 年），「席をもうけるということ——アーレント政治理論と哲学カフェ」（『臨床哲学』第 5 号，2003 年），他。

〔**担当**〕第Ⅱ部（第 3 章），第Ⅴ部（第 9 章）

山田正行（やまだ・まさゆき）

1957 年生まれ。早稲田大学大学院政治学研究科博士課程単位取得退学。政治思想専攻。東海大学准教授。『西洋政治思想史Ⅱ』〔共著〕（新評論，1996 年），「ヤスパースと

シリーズ〈人間論の21世紀的課題〉⑨
グローバル世界と倫理

2008年3月15日　初版第1刷発行
2011年3月30日　初版第2刷発行

著者　石崎嘉彦
太田義器
三浦隆宏
西村高宏
河村　厚
山田正行

発行者　中西健夫

発行所　株式会社　ナカニシヤ出版
〒606-8161　京都市左京区一乗寺木ノ本町15
電話（075）723-0111
FAX（075）723-0095
http://www.nakanishiya.co.jp/

製本・印刷／シナノ書籍印刷
＊乱丁本・落丁本はお取り替え致します。
ISBN978-4-7795-0211-8　Printed in Japan